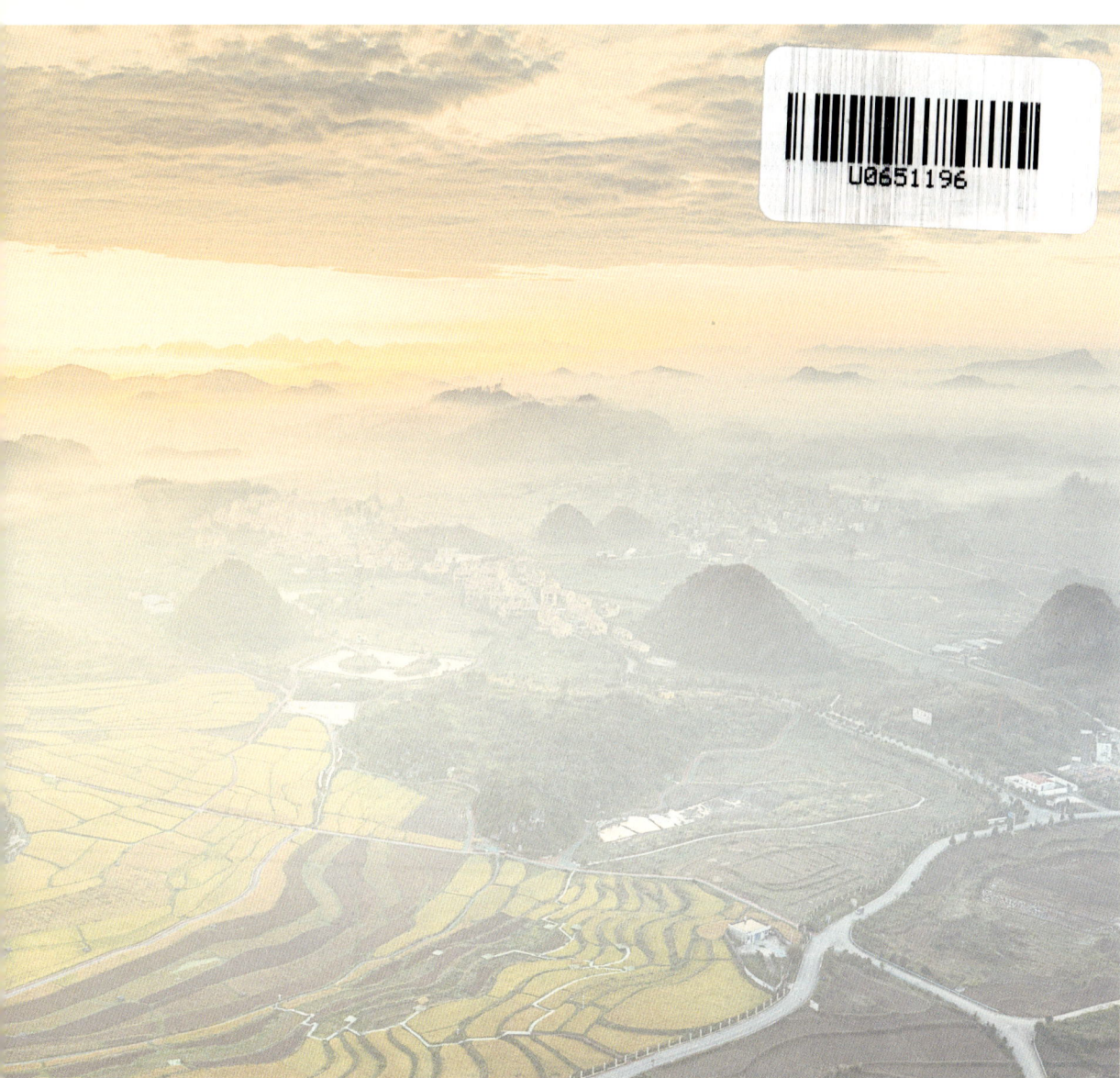

贵州农业品牌

（农产品区域公用品牌）

（第一批次）

目录

贵州省农业农村厅 组编

U0651196

中国农业出版社
北京

主　　　编：张集智

副 主 编：步　涛　　方　涛　　罗颖旭

执行副主编：方雷明　　郑　怡　　向　琨　　杨　力　　冯文武
　　　　　　齐晓彤　　吴美波　　崔旭东　　程美琳　　金玛璐珈
　　　　　　向　松

参 编 人 员：（按姓氏笔画排序）

丁　玫	王　海	王　娟	王礼玫	王成栋
王迎康	王显贵	王顺勇	王胜权	毛珺婷
艾　星	龙胜权	龙晓波	龙颖弘	田　翼
田正林	田应志	冉林馆	付　娟	代振江
兰　海	兰光发	宁荣辉	朱琴佳	朱德艳
伍跃成	刘　文	刘　伟	刘太阳	刘廷江
刘良林	刘金成	刘胜兵	苏娜芬	李　丹
李　华	李　杰	李　俊	李仲佰	李洪英
李朝晖	李慧雯	杨　武	杨　柳	杨　俊
杨大为	杨锌沂	肖一璇	肖玉霞	吴万林
吴纪国	何　庆	何　娟	伯潍亮	汪　洋
张　琳	张　玲	张　洋	张　捷	张　琼
张　斌	张　微	张明露	张家能	张培云
陆　倩	陈　杰	陈　敏	陈　伟	陈仕玲
陈永前	陈佳桂	苗　玲	苟万全	苑　媛
罗　韦	罗开惠	周　芳	周　韬	屈立武
赵　亮	胡高鹏	胡程萍	段全丽	敖文祥
袁　梅	顾丽群	徐富林	徐福艳	唐庆兰
曹锡波	梁顺华	谌家元	彭　松	舒丹丹
曾令洋	曾宪平	熊明光	潘翠鸾	

推　　　广：贵州省农业发展集团有限责任公司

编　　　审：贵州电子商务云运营有限责任公司

资 料 整 理：贵州电子商务云运营有限责任公司

编委会

Editorial Board

前　言

　　贵州民族众多、气候宜人，是一个山川秀丽的"山地公园省"，资源禀赋得天独厚，自然生态环境优良，农业特色优势明显，农耕文化底蕴厚重，为农业品牌发展奠定了坚实基础。近年来，贵州加快建设现代山地特色高效农业强省，深入实施品牌强农战略，聚焦品种品质品牌，用好资源比较优势，把优势做优、强势做强，做好"土特产"文章，大力推进"贵州绿色农产品·吃出健康好味道"整体品牌形象建设，着力培育一批农产品区域公用品牌、农业企业品牌和农产品品牌，深化产业融合发展，推进农业"接二连三"，扶优培强了一批"贵"字号农业品牌。为进一步树立贵州农业品牌形象，提高"贵"字号农业品牌知名度、美誉度和影响力，增强贵州农产品市场竞争力，贵州省农业农村厅结合实际，按照"公平、公开、公正"原则，经过4年深入遴选，形成《贵州农业品牌（农产品区域公用品牌）目录》（第一批次）。

本册目录集中呈现贵州省农业品牌建设的丰硕成果（第一批次），详细展示了90余个农产品区域公用品牌的内涵、特点、优势等内容，每一个区域公用品牌，都有一家以上农业产业化省级重点龙头企业（含农业产业化国家重点龙头企业）；品牌丰富度包含了全国知名的贵州黄牛、"两红三绿一抹"（遵义红、普安红，都匀毛尖、湄潭翠芽、雷山银球茶，梵净抹茶）、贵州绿茶、黔菌、兴仁薏仁米、遵义朝天椒、修文猕猴桃、大方天麻、三穗鸭、黔东南小香鸡、关岭黄牛、黔北麻羊、镇宁蜂糖李、贵州刺梨等全国农业品牌精品、中国农业品牌目录收录品牌、贵州省十强农产品区域公用品牌；行业涵盖茶叶、刺梨、中药材、水果、蔬菜、辣椒、食用菌、粮油、牛羊、生猪、生态家禽、生态渔业、特色林业及其他14个类别。本目录的出版，主要面向国内大循环为主体、国内国际双循环相互促进的国内外市场，提供"贵"字号品牌农产品渠道指引。

品牌多彩的贵州、自信开放的贵州、踔厉奋发的贵州、生机勃勃的贵州，欢迎全国各地朋友的到来！

目 录
Contents

贵州农业品牌（农产品区域公用品牌）目录
第一批次公布名单

序号	品牌名称	市、县/单位	单位名称	单位性质
1	贵州绿茶 *	省茶叶专班	贵州省绿茶品牌发展促进会	行业协会
2	都匀毛尖 **/*	黔南州	黔南州茶叶产业化发展中心	事业单位
3	雷山银球茶 **	雷山县	雷山县农业农村局	行政单位
4	遵义红 *	湄潭县	湄潭县人民政府	行政单位
5	开阳富硒茶	开阳县	开阳县硒产业发展中心	事业单位
6	正安白茶	正安县	正安县茶叶协会	行业协会
7	凤冈锌硒茶	凤冈县	凤冈县农业农村局	行政单位
8	湄潭翠芽	湄潭县	湄潭县人民政府	行政单位
9	道真硒锶茶	道真县	道真仡佬族苗族自治县农业农村局	行政单位
10	余庆苦丁茶	余庆县	余庆县农业农村局	行政单位
11	习水红茶	习水县	习水县人民政府	行政单位
12	凉都春	六盘水市	贵州凉都春惠农产业（集团）股份有限公司	国有企业
13	安顺瀑布茶	安顺市	贵州安顺瀑布茶业有限公司	国有企业
14	朵贝茶	普定县	普定县茶叶生产管理站	事业单位
15	金沙贡茶	金沙县	金沙县农业技术推广服务中心	事业单位
16	纳雍高山茶	纳雍县	贵州纳雍金蟾山茶业发展有限公司	国有企业
17	梵净抹茶	铜仁市	铜仁市扶贫开发投资有限责任公司	国有企业
18	梵净山茶	铜仁市	铜仁市茶叶行业协会	行业协会
19	石阡苔茶	石阡县	石阡县农业农村局	行政单位
20	贵定云雾贡茶	贵定县	贵定县茶叶产业化发展中心	事业单位
21	黎平雀舌	黎平县	黎平县茶叶产业技术服务中心	事业单位
22	普安红茶	普安县	普安县茶叶协会	行业协会
23	贵州刺梨	省刺梨专班	贵州省刺梨行业协会	行业协会
24	安顺金刺梨	安顺市	安顺市农业技术推广站	事业单位
25	贵天麻	省中药材专班	贵州农业职业学院百宜归谷科教发展有限公司	国有企业
26	大方天麻 **	大方县	大方县特色产业发展中心	事业单位
27	德江天麻	德江县	德江县人民政府	行政单位
28	赤水金钗石斛	赤水市	赤水市现代高效农业园区发展服务中心	事业单位
29	兴义黄草坝石斛	兴义市	兴义市农产品质量安全监测中心	事业单位

（续）

序号	品牌名称	市、县/单位	单位名称	单位性质
30	赫章半夏	赫章县	赫章县农业产业发展服务中心	事业单位
31	梵净山黄精	铜仁市	铜仁市中药材产业发展工作专班	行政单位
32	江口淫羊藿	江口县	江口县农业农村局	行政单位
33	罗甸艾纳香	罗甸县	罗甸县药茶产业发展中心	事业单位
34	施秉太子参	施秉县	施秉县农业农村局	行政单位
35	安龙白及	安龙县	安龙县农业技术推广中心	事业单位
36	修文猕猴桃 **/*	修文县	修文县猕猴桃协会	行业协会
37	麻江蓝莓 **	麻江县	麻江县蓝莓产业发展服务中心	事业单位
38	镇宁蜂糖李 *	镇宁县	镇宁布依族苗族自治县植保植检站	事业单位
39	沿河沙子空心李	沿河县	沿河土家族自治县农业农村局	行政单位
40	凉都弥你红	六盘水市	六盘水凉都猕猴桃产业股份有限公司	国有企业
41	威宁苹果	威宁县	威宁彝族回族苗族自治县农业区划中心	事业单位
42	长顺苹果	长顺县	长顺县农业农村局	行政单位
43	荔波枇杷	荔波县	荔波县种植业发展中心	事业单位
44	罗甸火龙果	罗甸县	罗甸县果业产业化发展中心	事业单位
45	罗甸脐橙	罗甸县	罗甸县果业产业化发展中心	事业单位
46	鲁容百香果	贞丰县	鲁容乡农业服务中心	事业单位
47	册亨糯米蕉	册亨县	册亨县农业技术推广中心	事业单位
48	黔菜	省蔬菜专班	贵州蔬菜集团有限公司	国有企业
49	安顺山药	西秀区	安顺市西秀区蔬菜果树技术推广站	事业单位
50	白旗韭黄	普定县	普定县农业农村局	行政单位
51	威宁洋芋	威宁县	威宁彝族回族苗族自治县农业区划中心	事业单位
52	龙里豌豆尖	省蔬菜专班	龙里县蔬菜办公室	事业单位
53	遵义朝天椒 **/*	遵义市	遵义市种植业发展服务中心	事业单位
54	花溪辣椒	花溪区	花溪区农业农村局	行政单位
55	大方皱椒	大方县	贵州举利现代农业专业合作社	集体经济
56	湾子辣椒	金沙县	金沙县农业技术推广服务中心	事业单位
57	黔菌 *	省食用菌专班	贵州省果蔬行业协会	行业协会
58	云尚菇	白云区	贵阳蓬莱城乡发展有限公司	国有企业
59	道真食用菌	道真县	道真仡佬族苗族自治县农业农村局	行政单位
60	大方冬荪	大方县	大方县教育科技局	行政单位
61	织金竹荪	织金县	织金县果蔬协会	行业协会
62	兴仁薏仁米 **/*	兴仁市	兴仁市薏仁专业协会	行业协会

02 | 贵州农业品牌（农产品区域公用品牌）目录（第一批次）

序号	品牌名称	市、县/单位	单位名称	单位性质
63	茅坝米	湄潭县	湄潭县农业农村局	行政单位
64	琊川贡米	凤冈县	凤冈县种植业发展中心	事业单位
65	平坝大米	平坝区	安顺市平坝区农业技术推广站	事业单位
66	威宁荞麦	威宁县	威宁县兴业投资有限公司	国有企业
67	贵州黄牛 *	省牛羊专班	贵州黄牛产业集团有限责任公司	国有企业
68	关岭黄牛 **	关岭县	关岭布依族苗族自治县草地畜牧业发展中心	事业单位
69	思南黄牛	思南县	思南县畜牧技术推广站	事业单位
70	黄平黄牛	黄平县	黄平县畜牧技术推广服务中心	事业单位
71	黔北麻羊 **	遵义市	遵义市畜牧渔业站	事业单位
72	沿河白山羊	沿河县	沿河土家族自治县农业农村局	行政单位
73	盘县火腿	盘州市	盘州市畜牧兽医学会	行业协会
74	威宁火腿	威宁县	威宁彝族回族苗族自治县农业区划中心	事业单位
75	剑河白香猪	剑河县	剑河县畜牧渔业管理办公室	事业单位
76	羽出黔山	省生态家禽专班	贵州省种畜禽种质测定中心	事业单位
77	黔东南小香鸡 *	黔东南州	黔东南州苗族侗族自治州畜牧技术推广站	事业单位
78	赤水乌骨鸡	赤水市	赤水市畜牧渔业发展中心	事业单位
79	滚山鸡	纳雍县	纳雍县农业技术推广站	事业单位
80	三穗鸭 **	三穗县	三穗县鸭业协会	行业协会
81	七星关鸡蛋	七星关区	毕节市七星关区畜牧业发展服务中心	事业单位
82	长顺绿壳鸡蛋	长顺县	长顺县农业农村局	行政单位
83	贵水黔鱼	省渔业专班	贵州省生态渔业有限责任公司	国有企业
84	贵州鲟鱼	省生态渔业专班	贵州省渔业协会	行业协会
85	三都稻花鱼	三都县	三都水族自治县养殖业发展中心	事业单位
86	望谟板栗	望谟县	望谟县林业发展服务中心	事业单位
87	板贵花椒	关岭县	关岭布依族苗族自治县果树蔬菜工作站	事业单位
88	锦屏茶油	锦屏县	锦屏县人民政府	行政单位
89	梵净山珍·健康养生	铜仁市	铜仁市扶贫开发投资有限责任公司	国有企业
90	苗侗山珍	黔东南州	黔东南苗侗山珍农产品行业协会	行业协会

** 标注的都匀毛尖、遵义朝天椒、兴仁薏仁米、修文猕猴桃、麻江蓝莓、三穗鸭、关岭黄牛、黔北麻羊、大方天麻、雷山银球茶是农业农村部批准的农业品牌精品培育品牌。

* 标注的贵州绿茶、都匀毛尖、兴仁薏仁米、遵义朝天椒、贵州黄牛、黔东南小香鸡、黔菌、修文猕猴桃、遵义红、镇宁蜂糖李是贵州省十强农产品区域公用品牌。

贵州省农业品牌概述

　　贵州是一个宜居宜养的避暑天堂、天然氧吧，是阳明心学的发源区，也是红色革命的转折地……独特的农业底蕴和文化内涵自然形成了每个区域的自有品牌，可以说一个区域就是一个品牌，因此与区域紧密联系起来的特色农产品，反映了每个区域的特色、优势。

　　贵州是山水养眼之福地，是自然遗产和重要农业文化遗产数量较多的省份，拥有荔波喀斯特、赤水丹霞、施秉云台山、铜仁梵净山四大世界自然遗产，以及贵州从江侗乡稻鱼鸭系统、贵州花溪古茶树与茶文化系统、贵州锦屏杉木传统种植与管理系统、贵州安顺屯堡农业系统、贵州兴仁薏仁米栽培系统等中国重要农业文化遗产，其中贵州从江侗乡稻鱼鸭系统入选全球重要农业文化遗产。

　　贵州是清爽养肺之福地，夏季平均气温23.6℃，平均风速每秒3米以下，森林覆盖率达到63%。县城以上城市空气质量优良天数超98%，被称为"空气维他命"的负氧离子浓度很高，每立方米空气中负氧离子超3万个的地区比比皆是。

　　贵州是山珍养胃之福地，是全域生产绿色优质农产品的理想之地，四处可见味美色香的辣子鸡、回味绵长的酸汤鱼、肉质细腻的贵州牛、脆而不生的肠旺面、鲜香味美的食用菌和特色小吃，"贵州绿色农产品，吃出健康好味道"广受认可。

◆ 区域特色品牌突出

　　近年来，贵州农产品区域公用品牌建设步伐加快，发展意识不断加强，作用发挥日益突出，各地农产品区域公用品牌迅速崛起。贵州省农业农村厅收录各市（州）申报的农产品区域公用品牌近200个，几乎涵盖了全省主要特色优势农产品大类，区域特征突出。

◆ 核心领域协同发展

　　各地深耕品牌运营、产品研发，结合自身产品及市场需求多元化创新发展。目前省、市（州）各级品牌覆盖茶叶、水果、蔬菜、食用菌、中药材等核心领域。同时以精深加工引领产业转型升级，补齐短板，奋发赶超，奏响各地公用品牌最强音，助推贵州省全产业链高质量发展。

贵州省十强农产品区域公用品牌

黔东南小香鸡

十强品牌展销专区

贵州绿茶　秀甲天下

"世界绿茶看中国，中国绿茶看贵州"。贵州茶产业以"贵州绿茶"品牌为引领，推动产业链基地生态化、加工标准化、企业集约化、市场品牌化"四化"发展，加速"茶+"融合，茶产业规模质量效益稳步提升，进入中国茶叶第一方阵。

* 详见 10 页

都匀毛尖　香满人间

作为贵州唯一入选中国十大名茶的代表，有着"北有茅台，南有毛尖"的美誉。都匀毛尖历史悠久，其制作技艺入选"人类非物质文化遗产代表作名录"，具有"三黄透三绿"的独特品质特征，香高持久、鲜爽回甘，堪称茶中珍品。

* 详见 12 页

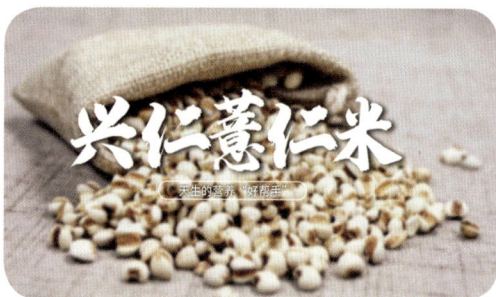

中国薏仁米之乡　小粒薏仁米

兴仁市种植薏仁米历史悠久，是中国薏仁米之乡和全国乃至东南亚薏仁米集散地。兴仁薏仁米为药食同源的全谷物杂粮，具有小、亮、香、白、糯等特点，颗粒饱满匀称、香糯软滑、品质优良，富含多种人体所需微量元素，被列为国家地理标志产品。

* 详见 146 页

传承四百年的味道

遵义朝天椒种植历史悠久，至今已有400年，个小肉厚、油润光亮、香辣醇正、辣而不燥，因其优良的品质和独特的口感，被称为全国十大名椒之首，也被列为国家地理标志农产品，自然成为当地辣椒加工品的优质原料。

* 详见 124 页

让全国人民吃上更好的牛肉

贵州黄牛作为贵州省十二大农业特色产业之一，有着独有的品牌优势。"日在野、暮归园，食百草、饮甘洌"，贵州自然优越的生长环境，使得贵州黄牛肉质紧实、有嚼劲，鲜味和香味十足。

* 详见 158 页

千年古禽　鸡中凤凰

黔东南小香鸡是黔东南地区的特有鸡种，体型娇小、体态和毛色美观，肉质细嫩、营养丰富、肉香味美，是全国108个地方鸡种中唯一以"香"命名的品种。

*详见182页

青山绿水　黔菌味美

"青山绿水，黔菌味美"，贵州山地居多、植被较厚，有着潮湿温暖的环境，适宜菌类生长，孕育出的菌类品种优质丰富，织金竹荪、大方冬荪、安龙香菇、印江木耳等极具竞争力，成为贵州特色、优质、健康的品牌名片。

*详见134页

甜蜜美味　营养C位

贵州特有的山间小生态，孕育出独特的"贵长"品种——修文猕猴桃。浑身长满硬硬的毛是其最大的特点，果肉翠绿细嫩、汁水饱满，中间一点鹅黄色果心，酸甜、爽滑、细腻，多重口感，一口上瘾，好品质好口感让修文猕猴桃成为贵州本地水果代表性品牌。

*详见86页

遵义红　红天下

遵义红被列为贵州茶叶"三绿一红"重点品牌，适宜茶树种植的生态环境，孕育出高品质的红茶，以"湄红"加工工艺为基础，经几十年研制而成，外形紧细秀丽、显金毫，汤色橙红明亮，香气醇正。

*详见16页

镇宁蜂糖李　让生活更甜蜜

镇宁蜂糖李果肉呈金黄色、质密酥脆，因口感甜润似蜂蜜而得名。镇宁蜂糖李外裹天然蜡粉，果形大、果顶平，缝合线明显，肉厚核小且易离核，味甘如蜜，食之难忘，深受消费者喜爱，是目前国内市场非常畅销且单价较高的李类单品。

*详见90页

1

茶叶

乡村振兴·品牌强农·贵品出山·风行天下

贵州绿茶

进入线上商城
了解品牌详情

扫码可观看
品牌视频

品牌概况

　　贵州茶产业发展以"贵州速度"迈入全国第一方阵，茶园面积位居前列，前所未有地成为茶产业的前沿阵地，164万年的茶籽化石和世界珍贵的茶树基因库，让"贵州绿茶"成为全国唯一一个省级茶叶类地理标志品牌。截至2022年底，全省茶叶总产量45.4万吨，其中绿茶33.5万吨，占比73.8%，注册茶叶企业（含合作社）5786家，"贵州绿茶"已成为推动茶产业高质量发展的主体力量。目前已授权277家企业使用"贵州绿茶"农产品地理标志，涌现出"兰馨""栗香""正德号"等一系列优质绿茶的企业品牌。"贵州绿茶"已构建更具贵州特色、贵州风格、贵州气度的茶产业发展新格局，成为推动茶产业高质量发展的主体力量。

　　以贵州贵茶（集团）有限公司为代表的一批"贵州绿茶"授权用标企业，先后通过欧盟有机、日本有机、美国雨林联盟等国际产品认证体系认证，通过ISO 9001、HACCP等体系认证，建立了标准化的企业经营管理模式，成为"贵州绿茶"向省内外拓展的核心力量。

核心优势

　　"世界绿茶看中国，中国绿茶看贵州"。贵州是我国高品质绿茶重点产区，适宜种植茶树的独有地理优势为"贵州绿茶"生产奠定了良好基础，种植面积覆盖贵州9个市(州)61个县(市、区)及贵安新区范围，保护面积约1162万公顷。独特的自然生态环境，孕育出了"贵州绿茶"翡翠绿、嫩栗香、浓爽味独一无二的品质特色，即高水浸出物、高氨基酸、高茶多酚，具有高海拔冷凉云雾绿茶的典型性，明显有别于贵州以外产区生产的绿茶。

2017年，获法国ECOCERT有机认证；

2017年，获JAS日本有机标准的有机认证；

2017年，获美国雨林联盟可持续产品认证；

2017年，被列为国家地理标志保护产品；

2017年，全国茶叶类首个省域地理标志农产品；

2017年，获中国有机产品认证证书；

2017年，获中国绿色食品A级产品证书。

系列产品

"贵州绿茶"系列产品

品牌咨询

单位/企业名称	品牌工作联系人	联系方式
贵州省绿茶品牌发展促进会	徐嘉民	13518519942

都匀毛尖

进入线上商城
了解品牌详情

扫码可观看
品牌视频

品牌概况

都匀毛尖
Duyun Maojian Tea

黔南州一带拥有低纬度、高海拔、多云雾的优良环境，适宜种植茶树，这也造就了"都匀毛尖"悠久的历史底蕴和深厚的文化内涵，成为贵州高原的瑰宝。"雪芽芳香都匀生，不亚龙井碧螺春"，"都匀毛尖"的茶香不亚于龙井、碧螺春，并始终秉承"干净黔茶 全球共享"的绿色发展理念，历经杀青、揉捻、做形、提毫、烘焙多道工序终成佳品。截至2021年8月，"都匀毛尖"共获得国内专利授权100项、发明专利授权80项、实用新型专利授权200项、外观专利授权50项、注册商标800项、著作权600项。2021年，"都匀毛尖"区域公用品牌价值评估40.20亿元，被评为"最具传播力品牌"。2022年，中国茶叶区域公用品牌价值评估中，"都匀毛尖"以品牌价值43.74亿元位列贵州省第一。

核心优势

"都匀毛尖"作为"中国十大名茶"之一，其茶氨酸、茶多酚等平均含量均高于国家绿茶标准。茶叶本身具有外形白毫显露、条索紧细、卷曲似鱼钩，内质香高持久，汤色清澈明亮，滋味鲜爽回甘，叶底明亮、芽头肥壮等特点。"都匀毛尖"以"三绿三黄"的品质特征著称于世，即干茶色泽绿中带黄，汤色绿中透黄，叶底绿中显黄。其品质优佳，"饮罢浮花清爽味，心旷神怡攻关灵"！

都匀毛尖

荣誉奖项

1915年，"都匀毛尖"与贵州茅台酒同获巴拿马万国博览会金奖；

1982年，被评为"中国十大名茶"；

2010年，荣获"上海世博十大名茶"；

2017年，被评选为"中国十大茶叶区域公用品牌"；

2018年，荣获中国茶叶区域品牌价值十强；

2019年，荣获"全国绿色农业十佳茶叶地标品牌"和（首届）中国品牌农业"神农奖"；

2020年，入选《中欧地理标志协定》保护名录；

2022年，入选农业农村部首批农业品牌精品培育计划名单；

2022年，"都匀毛尖茶制作技艺"作为中国传统制茶技艺及其相关习俗之一，被列入人类非物质文化遗产代表作名录。

系列产品

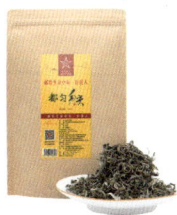

"都匀毛尖"系列产品

品牌咨询

单位 / 企业名称	品牌工作联系人	联系方式
黔南州茶叶产业化发展中心	周乐珊	18084419616
贵州经典云雾茶业有限责任公司	汪 健	13984188699
黔南州贵天下茶业有限责任公司	李攀攀	18485437058
都匀市高寨水库茶场有限公司	欧阳圣哲	18608540528
贵州黄红缨茶业有限公司	张 艳	18375026965
都匀市匀山茶叶有限责任公司	卢永乾	13595445330
黔南州梅渊商贸有限公司	何婧娴	18085463410

雷山银球茶

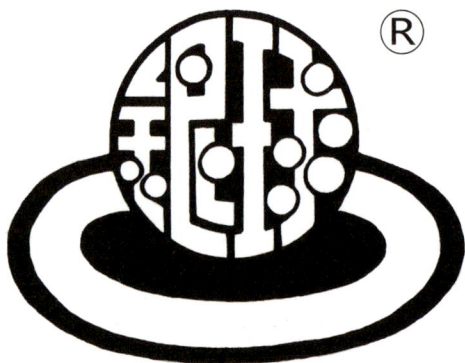

贵州省黔东南苗族侗族自治州雷山县因雷公山而得名，山中苗寨、茶园星罗棋布，高海拔、低纬度、多云雾、无污染，土壤均属微酸性，独具民族特色的"雷山银球茶"于此孕育而生。"雷山银球茶"茶如其名，为直径18~20毫米、净含量2.5克左右的圆球状特型绿茶，表面银灰墨绿，属国内外首创。"雷山银球茶"诞生于20世纪80年代初，时值中国乒乓球频频夺冠，寄托了"小小银球"冲出亚洲、走向世界、树立民族品牌的历史使命，并借用了苗族姑娘服饰上银铃铛"吉祥如意、五谷丰登"的美好寓意，故而得名。

核心优势

"雷山银球茶"采自雷公山自然保护区腹地生态茶园，使用春季嫩、匀、鲜、净的一芽一叶、一芽二叶茶芽，芽叶肥硕，内含茶多酚、儿茶素以及锌、硒等多种微量元素，且茶果胶质丰富，通过手工揉捏精制而成。"雷山银球茶"水浸出物高达40%以上，耐于冲泡。沸水冲泡5分钟后饮用，茶叶叶底嫩匀完整，汤色嫩绿明亮，香气高雅持久，滋味浓醇回甜。

荣誉奖项

1988年，获首届中国食品博览会金奖；

1990年，银球茶特种绿茶造型制备工艺获贵州省科学技术进步奖三等奖；

1991年，银球茶制备方法取得国家专利；

1996年，被中国食品协会评定为全国食品行业名牌产品；

2000年，被贵州省政府审定为贵州名牌产品；

2002年，被评为贵州省名优茶，并荣获中、日、韩国际名优茶评比金奖；

2004年，被评为贵州省茶叶行业著名品牌；

2005年，被评为贵州省特型名茶；

2009年，被评为贵州十大名茶；

2013年，被中国国际茶文化研究会授予"中华文化名茶"称号；

2014年，被批准为国家地理标志保护产品；

2016年，获第十三届中国国际茶业博览会名优茶评选金奖；

2023年，被农业农村部列入全国"土特产"推介名录；

2024年，获"中国好绿茶大会推荐区域公共品牌"荣誉。

系列产品

"雷山银球茶"系列产品

品牌咨询

单位/企业名称	品牌工作联系人	联系方式
雷山县农业农村局	李胜康	18386625701
贵州省雷山县脚尧茶业有限公司	董文慧	19110554590
贵州省雷山县毛克翕茶业有限公司	李树珍	15085673425

遵义红

进入线上商城
了解品牌详情

扫码可观看
品牌视频

品牌概况

遵义产茶历史悠久，其中"遵义红"起源于湄潭县，并成为贵州茶叶"两红三绿一抹"重点品牌，成为党的十九大、二十大和2018年全国两会用茶。全市茶园面积位居贵州省第一，茶树品种资源丰富，不仅有福鼎大白茶等国家级良种，近年来也引进了金观音、金牡丹、丹桂等适制红茶品种，同时本土的湄潭苔茶、黔湄601、黔湄419、黔湄502、习水大树茶等也为形成"遵义红"独特品质奠定了基础。

"遵义红"先后发布了《遵义红 红茶》《遵义红红茶 加工技术规程》《遵义红 袋泡原料茶》《遵义红 袋泡原料茶加工技术规程》等地方标准和团体标准。同时湄潭、凤冈、正安、余庆先后成功创建"国家级出口茶叶质量安全示范区"，树立了全国茶叶质量安全标杆。湄潭耕田公司等企业以"雨林联盟＋欧标茶园"建设模式，建设符合欧盟农残标准出口茶园。全市有经雨林联盟认证的茶园9.5万亩[①]、欧盟标准茶园20万亩、有机认证茶园12.71万亩。

遵义红茶

核心优势

"遵义红"是以黔湄601、黔湄419等黔湄系列国家级茶树良种茶青为原料，以"湄红"加工工艺为基础，经几十年的不断探索、总结研制而成，创制出外形紧细秀丽、显

[①] 亩为非法定计量单位，1亩＝1/15公顷。——编者注

金毫、色泽褐黄，汤色橙红明亮，香气醇正悠长带果实香，滋味甜醇、鲜爽的高品质红茶。

荣誉奖项

2011年，被评为全国十大红茶；

2014年，被列为贵州重点推介"三绿一红"品牌茶中的唯一红茶；

2014年，获世界茶联合会组织的"国际名茶评比"金奖；

2015年，获米兰世博"百年世博中国名茶金奖"；

2015年，"遵义红"红茶传统制作技艺被列入贵州省级非物质文化遗产加以保护传承；

2015—2016年，连续两年获贵州省秋茶斗茶大赛金奖茶王，获美国雨林联盟可持续农业项目认证；

2017年，被列为国家地理标志保护产品、全国地理标志农产品。

系列产品

"遵义红"系列产品

品牌咨询

单位/企业名称	品牌工作联系人	联系方式
湄潭县茶业协会	杨 冬	18885281204
贵州湄潭盛兴茶业有限公司	张贝贝	18685223469
贵州琦福苑茶业有限公司	叶文盛	15185339555
贵州湄潭兰馨茶业有限公司	金 循	13708516568
贵州省湄潭县栗香茶业有限公司	谭书德	13708516113
贵州阳春白雪茶业有限公司	王 静	13708516869

开阳富硒茶

进入线上商城
了解品牌详情

扫码可观看
品牌视频

进入线上商城
了解品牌详情

品牌概况

　　早在清朝时期，开阳就以产好茶出名，当时素有"南方茶叶甲天下，开州茶叶甲南方"的称誉，开阳（当时称开州）的茶叶被定为清廷贡茶，乾嘉时期曾名噪一时，至今已有200多年历史。进入20世纪80年代，开阳所产的茶叶在省内外市场被赋予"开阳富硒茶"的特殊品牌名称。近年来，开阳县依托得天独厚的气候环境优势和富硒资源优势，建成南龙乡、龙岗镇、高寨乡等5个万亩茶叶乡镇；通过有机茶园认证8500亩，通过绿色认证2000亩，各类产品抽验检测合格率达100%，部分产品通过欧盟465项指标检测；推出产品45个，注册商标35个；已初步建成云山茶海、南贡河富硒茶叶园区、蓝芝茶庄、松间茶韵等一批茶旅一体化建设项目，形成茶园观光、茶叶采摘体验、茶叶加工、茶艺表演、旅游购茶等"以茶带旅、以旅促茶"的良好格局。"开阳富硒茶"已经形成了开阳茶业的产业标记并被市场消费者认可。

核心优势

　　"开阳富硒茶"质量特点突出，茶色淡绿而明亮，清香透栗香，滋味鲜醇回甘、浓而滑润，叶底完整鲜活。长期饮用此茶能有效补充人体必需的硒元素。"开阳富硒茶"因硒而尊，因硒而贵，对抗衰老、防癌、抗癌、养心等均有明显效果。

开阳县富硒茶种植园

荣誉奖项

2015年，"开阳富硒白茶"获贵州省首届春茶斗茶赛白叶茶及其他类茶金奖茶王；

2018年，被评为"中国十大富硒品牌"，贵州省发布地方标准《地理标志产品　开阳富硒茶》；

2019年，富硒茶品牌宣传广告登上CCTV1、CCTV13；

2019年，获2020"端午安康"全国硒水鉴茶大赛特等奖2个、金奖1个、银奖4个；

2019年，在中国富硒农业发展大会上获"中国富硒好茶"称号。

系列产品

"开阳富硒茶"系列产品

品牌咨询

单位/企业名称	品牌工作联系人	联系方式
开阳县富硒产品协会	刘　萍	13118517011

正安白茶

进入线上商城
了解品牌详情

品牌概况

　　正安县素有"黔北门户"之称，绿水青山孕育了以"正安白茶"为特色的正安茶产业。2022年，正安县已建成高标准生态茶园31万亩，其中白叶一号18万亩，是目前国内较大的白叶一号生产基地。"正安白茶"凭借不可复制的独特品质，先后获得了"贵州省地理标志证明商标""国家地理标志保护产品""贵州省著名商标""中国驰名商标"等称号。在中国茶叶区域公用品牌价值评估中，"正安白茶"品牌价值由2012年的1.06亿元提升至2022年的14.21亿元。2020、2021、2022年连续三年入选"中国茶叶百强县"。

正安白茶

核心优势

　　"正安白茶"叶呈白色，以一芽二叶为最白，其外形优美、完整匀齐，汤色明亮、叶底嫩匀，高香馥郁、鲜爽醇厚，如玉之在璞，融天地之精华，白璧无瑕，尽展嫩、晶、亮之色，聚香、甘、润之味。经中国农业科学院茶叶研究所生化测定，"正安白茶"含11种人体所需氨基酸，氨基酸含量达7%以上，是普通绿茶的2～3倍，是集观赏、营养、经济三大价值为一体的茶中极品。

正安白茶

荣誉奖项

2011年，被列为国家地理标志保护产品、全国地理标志农产品；

2011年，获评"贵州省著名商标"；

2013年，获评"贵州省十佳著名商标"；

2015年，"正安白茶"获评中国驰名商标，同时获评安溪铁观音杯最具文化底蕴十

大地理标志名茶；

2016年，获中国有机产品认证证书。

系列产品

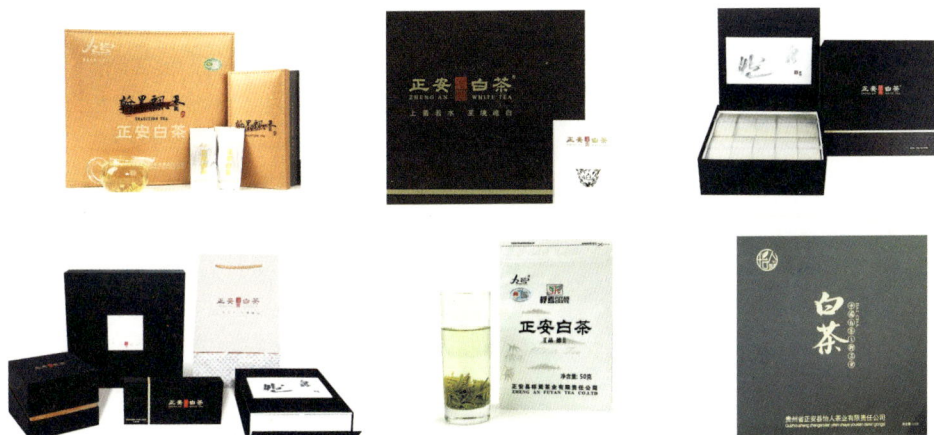

"正安白茶"系列产品

品牌咨询

单位/企业名称	品牌工作联系人	联系方式
贵州省正安县茶叶协会	雷洪波	15186642278

凤冈锌硒茶

扫码观看视频

品牌概况

凤冈县种茶历史悠久，最早记载可见于晋代《华阳国志》、唐代茶圣陆羽的《茶经》，尔后的史志、典籍均有所提及。全县依托低纬度、高海拔、多云雾的原生态环境和土壤富含锌、硒微量元素的自然条件，按"林中有茶、茶中有林、林茶相间"模式建成标准化茶园50万亩。其中，华茶1号35万亩，黔茶系列10万亩，龙井系列、金牡丹、金观音等5万亩。凤冈县是贵州茶的核心产区，年均干茶产量6万余吨，占全省茶叶产量的14%，先后获得"全国重点产茶县""全国特色产茶县""中国名茶之乡""中国茶业百强县""中国十大生态产茶县""中国十大最美茶乡""中国茶产业转型升级示范县""国家级出口茶叶质量安全示范区""国家地理标志产品保护示范区"等荣誉称号。2024年，"凤冈锌硒茶"品牌价值39.17亿元，位列茶叶百强区域公用品牌第35。

核心优势

全县有富锌耕地90.11万亩、富硒耕地66.82万亩、富锗耕地27.84万亩。凤冈锌硒茶"锌硒特色·有机品质"，依类别分为锌硒绿茶和锌硒红茶，锌硒绿茶按形状分为锌硒翠芽、锌硒毛峰、锌硒茗珠；锌硒红茶为工夫红茶。茶汤中均富含人体所需的17种氨基酸和有益健康的锌、硒元素，其中锌（Zn）含量为40～100毫克/千克，硒（Se）含量为0.03～4毫克/千克。经创新工艺、匠心制作的"凤冈锌硒茶"锌硒毛峰，具有外形细紧、茸毫披露、色泽嫩绿，香高持久，汤色明亮，滋味鲜爽，叶底鲜活等特征，是外形与内质并重的安全、健康、绿色饮品。锌硒红茶以金牡丹、金观音等茶树鲜嫩芽叶为原料精细加工制作而成，具有外形条索紧结、色泽乌润、汤色红艳明亮、叶底红亮匀齐、香气馥郁、滋味浓醇等特征，多次荣获贵州省斗茶大赛红茶组"金奖茶王"。

"凤冈锌硒茶"茶园风景

荣誉奖项

2006年，被列为国家地理标志保护产品；

2010年，获"贵州三大名茶"称号；

2013年，被评为中国驰名商标；

2015年，获百年世博中国名茶金奖国际殊荣；

2020年，入选《中欧地理标志协定》第一批互认保护名录；

2023年，入选全国名特优新农产品名录。

系列产品

"凤冈锌硒茶"系列产品

品牌咨询

单位/企业名称	品牌工作联系人	联系方式
贵州省凤冈县茶产业发展中心	吴 亮	13595238386
贵州省凤冈县茶叶协会	安文友	18085285618

湄潭翠芽

进入线上商城
了解品牌详情

扫码可观看
品牌视频

品牌概况

"湄潭翠芽"原产地湄潭县。湄潭县是高海拔、低纬度、多云雾、无污染的贵州茶业第一县，素有"云贵小江南"之美称，生态环境优美，适宜茶树生长。湄潭县茶叶产品内含物质丰富，含氨基酸4%以上、茶多酚28%以上、水浸出物40%以上；现有优质生态茶园60万亩，80家企业以"湄潭翠芽"品牌入驻国家农产品质量安全追溯管理平台。

湄潭翠芽

"湄潭翠芽"作为贵州茶叶"两红三绿一抹"重点品牌，拥有厚重的历史荣誉。多年来，"湄潭翠芽"茶以优质、稳定、安全的品质得到了市场和消费者的广泛认可，先后150多次获"中茶杯"特等奖、"中绿杯"金奖、"国际名优茶评比"金奖、"贵州三大名茶""千年金奖""茶王""百年世博中国名茶金奖"等荣誉，其中获国家级奖励90次。2021年，"湄潭翠芽"在中国茶叶区域公用品牌价值评估中，品牌价值47.55亿元，并成功入驻中国茶叶博物馆、北京老舍茶馆，同时在北京马连道市场制作"湄潭翠芽"石碑。

湄潭县"天下第一壶"茶文化公园

湄潭茶园

核心优势

　　"湄潭翠芽"主要采用湄潭苔茶等适制绿茶的中小叶国家级茶树良种的优质鲜嫩茶青，通过摊青、杀青、理条、整形、脱毫、提香、筛选等20多道工序加工而成，具有嫩、鲜、香、浓、醇的品质特征。其外表扁平直滑，嫩栗香突显，汤色嫩绿明亮，叶底黄绿明亮，香气清香持久、滋味鲜爽，富含氨基酸、多酚类化合物、维生素，水浸出物含量达40%以上。

荣誉奖项

2011年，获评中国驰名商标；

2014年，被列为国家地理标志保护产品；

2015年，制作技艺获省级非物质文化遗产；

2017年，获全国地理标志农产品登记证书。

系列产品

"湄潭翠芽"系列产品

品牌咨询

单位/企业名称	品牌工作联系人	联系方式
湄潭县茶业协会	杨　冬	18885281204

道真硒锶茶

进入线上商城
了解品牌详情

品牌概况

　　"道真硒锶茶"主产区是贵州省遵义市道真仡佬族苗族自治县。道真仡佬族苗族自治县得天独厚的地理地貌造就了道真硒锶茶生态、有机、健康的优良品质和富含硒锶微量元素的特色，因此享誉中外。道真自治县常年雨量充沛，四季分明，气候宜人，冬无严寒、夏无酷暑，年平均气温16℃，森林覆盖率达61.35%，富含有机质，非常适合茶树种植。

　　道真茶叶是道真仡佬族苗族自治县支柱产业之一，是富民强民的特色产业，种植面积已达14.36万亩，享有"中国名茶之乡""中国硒锶茶之乡""地理标志产品保护"等美誉。

道真硒锶茶

道真仡佬族苗族自治县

核心优势

　　"道真硒锶茶"因富含硒锶微量元素而得名，浙江大学、西南大学、贵州省农业科学院茶叶研究所的茶学专家先后对道真的茶叶进行检测，其硒、锶微量元素含量较高。硒能增强人体免疫功能，具有抗氧化、延衰老、有效抑制肿瘤生长等保健作用。锶有防止动脉硬化、血栓形成，修复细胞，促进新陈代谢，提高人体免疫能力等保健作用，是名副其实的健康茶。

荣誉奖项

2015年，被列为国家地理标志保护产品；

2017年，获第三届亚太茶茗大奖特别金奖；

2019年，获得欧盟零农残认证；

2023年，荣获"亚泰杯"2023年茶人臻选品牌铂金奖。

系列产品

"道真硒锶茶"产品

品牌咨询

单位 / 企业名称	品牌工作联系人	联系方式
道真自治县农业农村局	伯潍亮	0851-25821973
道真自治县仡山御田生态农业发展有限公司	万洪波	13511895722

余庆苦丁茶

进入线上商城
了解品牌详情

品牌概况

　　余庆县，被授予"中国小叶苦丁茶之乡"，"余庆苦丁茶"获"国家地理标志保护产品"和"国家地理标志证明商标"，享有"绿色金子"美誉。余庆县位于黔中腹地，四季分明、气候温和，生态环境优美，资源丰富，是全国小叶苦丁茶示范基地县，全国小叶苦丁茶生产、加工中心。"余庆苦丁茶"以大众片茶为主、高端芽茶为辅，年产量达7000余吨，产值6.8亿元，现有品牌省级龙头企业5家、市级龙头企业9家、县级龙头企业12家。苦丁茶年加工能力1万余吨，目前有"都市第三地""阿酷伯""积善源""河江""构皮滩""浪水湾""乌江"等企业商标40余个，产品销售遍及全国30余个省份，远销马来西亚、香港等东南亚国家和地区。借助"余庆苦丁茶"的品牌效应，2018—2023年余庆县连续六年荣获"中国茶业百强县"称号。"余庆苦丁茶"在2024年中国茶叶区域公用品牌价值评估中，品牌价值为6.93亿元。

苦丁芽茶

核心优势

　　"余庆苦丁茶"属木樨科女贞属粗壮女贞，与海南、广东、广西等地的冬青科冬青属苦丁茶完全不同。产品色泽嫩绿，香气清纯，汤色绿亮，滋味微苦甘甜、口感独特；叶片在水中展开后，嫩芽叶底翠绿鲜活，因而具有干茶绿、汤色绿、叶底绿的"三绿"特征。产品富含苯丙素类、萜类、黄酮类、酚类及人体所需的多种微量元素，主要活性成分有粗多糖、茶多酚、总黄酮和总皂苷等，具有保肝护肝、降血糖血脂和降尿酸、清热解毒等功效，"高钾高钙低钠"的食用特性显著，集饮用价值和保健功效于一体，是健康茶、美容茶、长寿茶，被著名科学家谈家桢誉为"绿色金子"。

荣誉奖项

2004年，荣获"全国小叶苦丁茶示范基地县""中国小叶苦丁茶之乡"称号；

2005年，获批为国家地理标志保护产品；

2009年，荣获2009—2010年度"多彩贵州十大特产"荣誉称号、"'多彩贵州'100强品牌"称号；

2010年，荣获世界华人文化名人协会"世界名茶"称号；

2011年，余庆小叶苦丁茶传统工艺茶艺被列入世界级非物质文化遗产项目代表目录；

2013年，获批为国家地理标志证明商标，获第31届巴拿马国际博览会金奖；

2021年，获中国绿色食品A级产品证书；

2022年，被认定为贵州省特色农产品优势区。

系列产品

"余庆苦丁茶"系列产品

品牌咨询

单位/企业名称	品牌工作联系人	联系方式
余庆县茶产业发展服务中心	丁明珍	13985215036
余庆县构皮滩茶叶有限责任公司	冯 平	17785242888
余庆积善茶业有限责任公司	李 莉	13511824598
余庆县绿野茶叶加工厂	文正祥	13595219828
余庆县浪水湾茶业有限责任公司	郑 昱	18984951005
余庆县玉笕春茶业有限责任公司	刘显明	13985671267
贵州泰和现代生态农业科技有限公司	谢伯银	15086155028
余庆县兴民茶业发展有限责任公司	王彬彬	18385245904

习水红茶

品牌概况

"习水红茶"产于习水县，主要采用本地野生和半野生乔木型古茶树鲜叶加工制成。习水县地处四川盆地向贵州高原过渡地带，位于茶树起源中心区域，野生乔木型大茶树资源丰富、分布广泛，有省内面积最大、分布最广的野生古茶树群落。据2019年古茶树资源调查初步统计，习水县域内古茶树资源50多万株，可开发利用的古茶树资源约10万株以上，被林业部门列为古、大、珍、稀挂牌管理的达到1584株。习水县境内茶叶种植、生产、饮用历史悠久，陈椽《茶业通史》记载"黔北习水河流域有栽培型或栽培后抛荒的大茶树"，境内历代先民除用于自采自饮外，据《遵义府志》《仁怀直隶厅志》和旧《习水县志》记载，远在明清时代，习水县境内就盛产茶叶，茶农采茶青制茶饼，已远销西藏、西康等边疆地区。2012年以来，习水县利用境内丰富的古茶树资源开发制作的古树红茶品质优异，市场影响力逐年提升，已成为业界具有一定影响力的古树茶品牌。2017年"习水红茶"被授予国家地理标志保护产品，2020年5月，习水县被中国国际茶文化研究会授予"中国古茶树之乡"称号。

贵州省习水县
中国古茶树之乡
中国国际茶文化研究会
二○二○年五月

核心优势

习水县位于贵州省北部边缘的大娄山西北坡，属亚热带湿润季风气候区，境内山高谷深、沟壑纵横、云雾缭绕、植被繁茂、土壤肥沃，高海拔、低纬度、多云雾、湿度大的自然地理及气候环境适宜茶树生长。习水县是国家生态文明建设示范县，全县森林覆盖率63.22%，位于地球北纬28°保存最好的中亚热带常绿阔叶林带有5万公顷，是贵州省面积最大的国家级自然保护区，生态环境极其优越。古茶树是本地乡土树种，适应性和抗逆性强，为野生或半野生栽培，多分布于海拔1000~1400米的高山上，林茶相间、自然生长，从未使用过化肥和农药，是开发极品茶叶的高端原料，是少有的珍稀资源。古茶树鲜叶具有内含物丰富，氨基酸、果胶和多糖含量高，酚氨比协调等鲜明特点。现代加工设备结合传统工艺精心制作的古树红茶，条索紧结乌润、汤色金黄明亮、木香纯正、滋味甘甜醇厚，经久耐泡，叶底红亮柔软，品味高雅。

习水县的古茶树

荣誉奖项

2013年，获第三届中国国际茶业及茶艺博览会特等金奖；

2015年，获中国（贵州·遵义）国际茶文化节暨茶产业博览会"贵州最具推荐价值古树茶茶叶"；

2017年，获国家地理标志产品保护；

2021年，获贵州省春季斗茶大赛古树茶类优秀奖、"中茶杯"第十一届国际鼎承茶王赛春季赛红茶组金奖；

2022年，获贵州省"黔茶杯"名优茶评比二等奖、贵州省古树茶斗茶大赛古树红茶类银奖、"中茶杯"第十二届国际鼎承茶王赛春季赛红茶组金奖；

2023年，获贵州省第七届古树茶斗茶大赛银奖、贵州省秋季斗茶赛古树茶类铜奖；

2024年，获"中茶杯"第十四届国际鼎承茶王赛春季赛红茶组金奖。

系列产品

"习水红茶"系列产品

品牌咨询

单位/企业名称	品牌工作联系人	联系方式
习水县农业农村局	雷利群	18798011833
习水县叶滋味茶业发展有限责任公司	龙德华	13765516227
习水县黔之源茶叶种植农民专业合作社	程胜兵	13984312079

凉都春

进入线上商城
了解品牌详情

进入小程序
了解更多详情

品牌概况

六盘水得天独厚的生态环境造就了独特的高山茶韵味，成就了"凉都春"这一区域公用品牌。六盘水是全国继陕西的紫阳、湖北的恩施之后发现的第三个富硒地带，其土壤含天然有机硒5毫克/千克左右，茶叶含硒量在0.8～1.5毫克/千克，是对人体健康有益的天然富硒产品。现茶叶品种主要有福鼎大白、福鼎大毫、龙井43、乌牛早、红玉、黄金芽等优良品种，拥有高品质茶园14000多亩。贵州凉都春惠农产业（集团）股份有限公司充分开发利用好茶树资源，创新研发出冷泡茶、茶含片、茶枕、茶口罩等新产品。

"凉都春"与中国农业科学院茶叶研究所不断深度合作交流。2022年，国家茶产业工程技术研究中心六盘水分中心与邓余良高级农艺师工作室在六盘水落地，并于六盘水市六枝特区打造了六盘水智慧农旅数字生态体验中心，为推动六盘水茶产业高质量发展和茶文旅一体化发展提供了支撑。

核心优势

"凉都春"茶是贵州知名绿茶品牌，以水城区和六枝特区的优质茶树茶青为原料，将

传承千年的传统工艺和现代制茶技术相结合，精选精制而成。"凉都春"茶一般在清明前采摘，采茶标准为一芽一叶、一芽二叶，经杀青、揉捻、晒干、焙茶等多道工序制成，外形条索紧结。经贵州省农业科学院茶叶研究所测定，"凉都春"茶浸出物含量为42.8%，茶多酚含量为25.2%，氨基酸含量为2.3%，咖啡碱含量为2.8%，符合优质绿茶质量特点。

优质源于有机。优良的环境和得天独厚的自然条件，加上严格的监管——严格控制茶园投入品，坚决不用除草剂、农药等化学物质，严守干净茶底线，造就了有机的"凉都春"茶。"凉都春"茶富含有机硒和多种人体所需微量元素，具有风味独特、粟香高长，汤色黄绿明亮，滋味醇厚、回味甘长，叶底嫩绿匀亮的质量特点。因质量特点显著，"凉都春"茶深受绿茶消费者的青睐，市场知名度很高。

荣誉奖项

2020年，获六盘水市春季斗茶大赛红茶"茶王"及2020年贵州省春季斗茶大赛红茶"银奖"；

2021年，获六盘水市春季斗茶赛绿茶类（卷曲形）金奖"茶王"及六盘水市春季斗茶赛红茶"茶王"；

2023年，获得省级以上奖项7项。

系列产品

"凉都春"茶系列产品

品牌咨询

单位/企业名称	品牌工作联系人	联系方式
贵州凉都春惠农产业（集团）股份有限公司	刘 杰	18285851144

安顺瀑布茶

进入线上商城
了解品牌详情

扫码可观看
品牌视频

瀑布
PUBU CHA
茶

品牌概况

"安顺瀑布茶"产于世界著名的安顺黄果树瀑布风景名胜区周围。这里山川秀丽，土层深厚，有机质含量丰富，是特色优质茶叶的出产地。作为茶叶原产地中心区，茶园内"晴时早晚遍地雾，阴雨成天满地云"，独特的地理环境和气候条件对茶叶氨基酸等芳香类物质合成极为有利。

随着黄果树大瀑布旅游业的不断发展，"安顺瀑布茶"已成为见证安顺整个地区茶文化浓缩的窗口。"安顺瀑布茶"品牌联盟经过十余年的发展，从最初的3家发展到23家，其中省级龙头企业5家、市级龙头企业10家。茶园建设从品牌创建之初的7000余亩发展到现在的5万余亩茶园面积，联盟企业累计茶叶产值近2亿元，年产销名优茶150吨。"安顺瀑布茶"因自身独特品质已在省内外茶叶市场树立起特色品牌的形象。

核心优势

"安顺瀑布茶"系列产品利用安顺特有的环境、气候、茶树品种、制茶工艺等优势，生产出的系列茶产品具有内质丰富、香高馥郁、鲜爽醇厚、经久耐泡等特点；包装融入了安顺的黄果树地域文化、屯堡文化、茶文化，文化底蕴深厚。"安顺瀑布茶"绿茶游离氨基酸总量达5.8%，远高于全国绿茶4.0%的水平，茶水浸出物含量平均42%以上，远高于国家34%的标准，形成独具特色的外形、汤色、香气、滋味品质特征，茶青持嫩性好，茶滋味鲜爽，茶氨酚比适宜，茶香浓郁，深受广大消费者喜爱。

荣誉奖项

2005年，荣获中国绿色食品认证；

2010年，瀑布毛峰茶荣获2010年第十七届上海国际茶文化节"中国名茶"评选金奖，瀑布翠芽茶获2010年贵州"五大名茶"称号；

2012年，荣获"贵州省著名商标"、2012最具影响力中国农产品区域公用品牌、"国家地理标志保护产品"认定；

2019年，荣获第十七届中国国家农产品交易会"我最喜爱的农垦产品品牌"称号；

2021年，瀑布毛峰先后荣获"2021广州国际农产品博览会金奖"、第十八届中国国际农产品交易会"最受欢迎农产品"称号、"黄山杯"首届全国传统名茶产品质量推选活动特别金奖；

2022年，瀑布红茶获第二届世界红茶产品质量推选活动银奖，瀑布毛峰获第十一届"中绿杯"名优绿茶产品质量推选活动金奖；

2023年，荣获"十佳最美茶山"称号，第28届上海国际茶文化旅游节上瀑布毛峰获评"全国十大名茶"称号；

2024年，成功入选"2024中国好绿茶大会推荐区域公用品牌"。

系列产品

"安顺瀑布茶"系列产品

品牌咨询

单位/企业名称	品牌工作联系人	联系方式
贵州省安顺市茶叶开发有限公司	秦建涛	18785301875

朵贝茶

进入线上商城
了解品牌详情

品牌概况

　　"大明屯军，始有定南，定南有茶，名曰朵贝，御贡珍品，色清味甘，源于唐，传于宋，盛于今，饮誉四方，为佳茗也"，这就是"朵贝茶"。贵州产茶历史悠久，"朵贝茶"也系其中较有代表之一，在明朝崇祯年间因进贡皇室而闻名，是贵州省特有的地方名茶。1979年版的《辞海》上有"普定产朵贝茶"的记录，周恩来总理赞其"色清味甘，芳香浓郁"。其产品远销至北京、成都、广州、上海、重庆、昆明等国内多个城市。2007年，贵州省委、省政府出台《关于加快茶产业发展的意见》后，普定县将"朵贝茶"作为知名品牌进行打造，掀起该县茶叶产业发展热潮。目前，"朵贝茶"每年的茶叶总产量在5000吨以上，综合产值近8亿元。

普定县茶叶种植基地

核心优势

"朵贝茶"产品丰富、各有特色，绿茶清香、醇厚生津，红茶花香、鲜甜爽滑，白茶、黄金芽鲜爽、回味甘甜。

荣誉奖项

2007年至今，"朵贝茶"系列产品在"中茶杯""中绿杯""黔茶杯"等国际国内茶事评比中，荣获金奖、银奖等各种奖项300余项；

2013年，被国家质量监督检验检疫总局（以下简称国家质检总局）批准为国家地理标志保护产品；

2020年，入选《中欧地理标志协定》第一批100个知名地理标志；

2024年，获评"2024年中国好绿茶大会推荐区域公用品牌"。

系列产品

白茶

翠芽

红茶

黄金叶

毛峰

珠茶

"朵贝茶"系列产品

品牌咨询

单位／企业名称	品牌工作联系人	联系方式
普定县茶叶生产管理站	周元鑫	13595350526

金沙贡茶

进入线上商城
了解品牌详情

品牌概况

金沙县产茶历史悠久，品质上乘，茶叶色泽绿润、幽香持久、汤色明亮、滋味鲜醇、经久耐泡。据史料记载，公元前130年至清朝嘉庆年间，金沙茶叶多次作为朝廷贡茶，"以茶代赋，岁岁上贡"，现有盐茶古道、贡茶石碑和清池、石场、源村等乡镇连片古茶树群作文物佐证。县内茶叶企业在"金沙贡茶"公用品牌统领下，形成了"清水塘""金沙贡""三丈水""梦樵""原乡王茶""壮飞红茶"等企业品牌。"清水塘"牌清池翠片曾被评为"贵州十大名茶"。近年来，金沙茶产品在全国各级各类茶事活动中获16次金奖、22次银奖。2022年1月23日，中央电视台《焦点访谈》栏目专门对金沙茶产业发展及贵州金沙贡茶茶业有限公司进行了宣传报道，"金沙贡茶"公用品牌正在不断深入人心，走出贵州，走向世界。境内17家茶叶企业及合作社被授权使用"金沙贡茶"地理标志，授权用标的产品达30余个，授权产品可使用量为500吨。

核心优势

"金沙贡茶"种植环境优良，产出品质好。一是外在感观好。外形包括卷曲形和扁平形：卷曲形，形似鱼钩，色泽翠绿，香气栗香浓，汤色黄绿明亮，滋味醇厚、回味甘甜；扁平形，扁、平、直、滑、翠绿、油润，香气栗香浓，汤色黄绿明亮，滋味醇厚、回味甘甜，叶底嫩绿鲜明、匀整。二是内在品质优良。茶多酚含量为14%～15%，咖啡碱含量为2.7%～3.0%，每100克茶叶中含茶氨酸3.4～3.8克、酪氨酸0.1～0.2克。三是生产技术过硬。严格按照金沙绿茶种植和加工标准体系的基础标准、生产标准、加工标准、产品标准、安全标准、检验标准、包装运输标准共21项标准（其中地方标准8项、行业标准3项、国家标准10项）执行，获得有机认证，产品远销北上广，深受广大消费者青睐和认可。

荣誉奖项

1988年，被命名为"贵州历史名茶"；

2009年，被评为"贵州十大名茶"；

2009年，被中国茶叶流通协会授予"中国贡茶之乡"；

2014年，农业部正式批准对"金沙贡茶"实施农产品地理标志登记保护；

2018年，获地标注册商标"金沙贡茶"；

2019—2023年，获有机产品认证、雨林联盟认证等。

系列产品

"金沙贡茶"系列产品

品牌咨询

单位 / 企业名称	品牌工作联系人	联系方式
贵州金丽茶业有限公司	吴　铃	18275364534
贵州金沙贡茶茶业有限公司	王　炜	13368671988
贵州三丈水生态发展有限公司	邱　进	13985366399
贵州弘丹成生态农业发展有限公司	庞高福	13698547899
金沙县清池贡茶有限责任公司	何光汶	18212665955
贵州天灵茶叶有限责任公司	季朝光	13638176178
金沙县梦樵茶业有限责任公司	袁　静	13885711070
贵州清池印象茶业有限公司	任西鹏	13638579420
金沙县智农生物科技有限公司	霍玉甲	15597934333
金沙县清池张氏茶庄	张德勇	13984772381
贵州黔之源生态农业发展有限公司	张存沪	18085773331
贵州天马山旅游开发有限公司	刘天胜	13658576388
金沙县云峰农业专业合作社	樊秀强	13595777541
金沙县三江缘茶叶专业合作社	杨仕俊	15086500062
清池大坝集体经济股份合作社	郭琼跃	15117648380
金沙县清池吴发茶庄	吴其山	15186155673
贵州省金沙县云梦清池生态农业有限公司	陈君贵	15899543848

纳雍高山茶

进入线上商城
了解品牌详情

品牌概况

　　"纳雍高山茶"均种植在海拔1600米以上的高山上，素有"茶种在山上，山种在云中"的美誉。纳雍县高海拔、低纬度、多云雾、无污染的得天独厚的环境气候条件，造就了"纳雍高山茶"高原、冷凉的独特品质。在茶园管理上，"纳雍高山茶"常年施用有机肥、茶树专用复合肥、菜籽饼等，因茶青原料好，加之独特的加工技术，享誉国内外，先后斩获"中国高山生态有机茶之乡""全国重点产茶县""贵州十大古茶树之乡""2019年中国36座最美茶园"等称号。近几年来，纳雍县在北京、上海、辽宁、河北、山西等省份开展"纳雍高山茶"品牌推介活动，获得了市场的认可和客户的肯定，在国内外茶事活动中获得"茶王"、特别金奖、金奖等荣誉100余项，"纳雍高山茶"的品质得到了国内外专家的高度认可。

纳雍县

纳雍高山茶

核心优势

　　纳雍县属高原亚热带内陆季风气候区，平均海拔1800米，具有低纬度、高海拔、多云雾、少霜期的气候特点，同时具备黄土地、马血泥、厚土层、多元素的土壤条件，完全符合优质茶叶生产必需的生长条件。正是这些优越的自然条件、土壤环境、气候因素和海拔高度，造就了纳雍县茶叶高山、生态、冷凉的特点，所产茶叶汤色黄绿明亮，滋味醇香、回味甘甜。

荣誉奖项

2020年，获"中茶杯"第十届国际鼎承茶王赛特别金奖；

2021年，获"中茶杯"第十一届国际鼎承茶王赛特别金奖；

2022年，获"中茶杯"第十二届国际鼎承茶王赛金奖。

系列产品

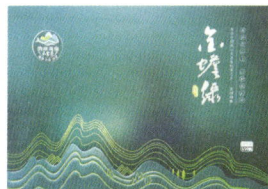

"纳雍高山茶"系列产品

品牌咨询

单位／企业名称	品牌工作联系人	联系方式
贵州纳雍金蟾山茶业发展有限公司	李 杰	0857-3522111

梵净抹茶

　　铜仁市位于贵州省东北部、武陵山区腹地，全境以山地为主。境内梵净山被誉为地球同纬度唯一的原始绿洲、动植物基因库，是联合国公布的世界自然遗产之一，森林覆盖率高达98%，其自然小气候是名优茶生长得天独厚的条件，赋予了铜仁市发展抹茶产业的自然资源优势和生态优势，造就了品质独特的"梵净抹茶"。

　　抹茶是茶中唯一兼具饮、食、妆功效的产品。"梵净抹茶"现有欧标抹茶新露罐装抹茶粉、昔绿罐装品鉴抹茶粉、餐饮用抹茶粉、抹茶拿铁、抹茶冰淇淋、欧标抹茶等食品饮品级高端抹茶产品20多款；结合本地特色小吃，还研发了抹茶米豆腐、抹茶面条、抹茶糕点等抹茶系列产品20余款。

核心优势

　　"梵净抹茶"先后发布了《梵净抹茶》《梵净碾茶》产品标准、《梵净抹茶加工技术规程》等3个行业标准，以及《梵净抹茶加工技术规程》《梵净抹茶标准茶园建设技术规程》《梵净抹茶茶园管理技术规程》《梵净抹茶审评技术规程》4个地方标准。

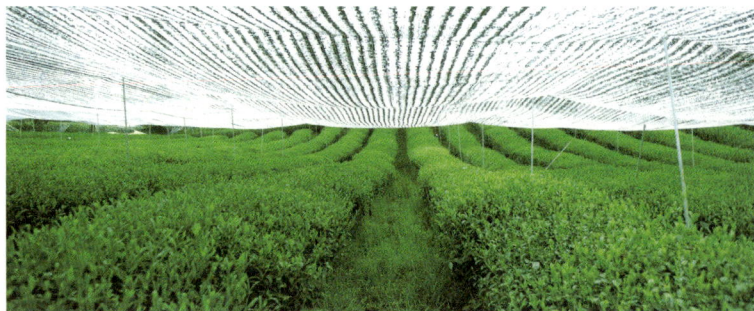

梵净抹茶茶园

铜仁市现有高品质抹茶基地6万亩，有全球最先进的抹茶精制生产线4条、碾茶初制生产线30条，亚洲最大的抹茶精制综合车间2座，全市碾茶生产线占贵州省碾茶生产线的70%。

荣誉奖项

2018年，铜仁市获"中国抹茶之都""中国高品质抹茶基地"荣誉；

2024年，贵茶欧标抹茶获2024多彩贵州旅游商品大赛金奖；

2024年，抹茶文旅大礼包获2024多彩贵州旅游商品大赛金奖；

2024年，抹茶拿铁获2024多彩贵州旅游商品大赛铜奖。

系列产品

"梵净抹茶"系列产品

品牌咨询

单位 / 企业名称	品牌工作联系人	联系方式
铜仁市农业农村局	汪承宏	0856-5260451
铜仁市扶贫开发投资有限公司	罗文杰	15185968347

梵净山茶

进入线上商城
了解品牌详情

扫码可观看
品牌视频

品牌概况

　　铜仁市有世界名山梵净山，被誉为地球同纬度唯一一块绿洲、高海拔、低纬度、多云雾、无污染的自然生态条件，赋予了生态茶产业得天独厚的地理资源和生态优势。"巍峨梵净藏佳茗，桃源铜仁飘茶香"，铜仁市种茶、制茶、饮茶历史悠久，制茶工艺起于魏晋、南北朝，盛于隋唐，从古至今传承了生态健康茶的理念，已建成189万亩生态茶产业基地、10个贵州省级现代农业高效茶叶示范园区。铜仁市集中打造"梵净山茶"区域公用品牌，品牌系列涵盖绿茶、红茶、抹茶、白茶、黑茶等系列产品，在国内外各类茶叶评比活动中荣获160多个奖项，先后获得中国驰名商标、农产品地理标志保护产品、"十大绿茶公用品牌"等荣誉。梵净山系列茶产品已通过欧盟标准500余项指标检测，被誉为"茶中极品"；2020年底有效期内绿色食品认证茶园0.56万亩、有机茶园3.07万亩，地理标志产品认证面积175万亩；获欧盟有机产品认证2家，茶园面积133公顷；国际可持续农业（SAN）认证1家，雨林联盟认证21家。在2020年中国茶叶区域公用品牌价值评估中，"梵净山茶"品牌排全国第29位，品牌价值31.16亿元。

梵净山

核心优势

　　铜仁梵净山拥有得天独厚的自然资源和生态优势，以梵净山为核心的山水高原上非常适合茶树生长，造就了梵净山茶与众不同的优良特质。深厚的文化底蕴，传统工艺与现代加工技术的结合，形成了"梵净山茶"独具魅力的品质神韵。经检测每100克"梵净山茶"中含水浸出物42.0～65.0克、氨基酸总量14.0～24.5克、茶多酚5.3～16.9克、咖啡碱1.2～2.2克、硒5.2～8.2微克，各项理化指标和卫生指标均优于国家标准。知名茶界专家刘仲华院士对"梵净山茶"的评价是：水浸出物高、氨基酸高，丰富的儿茶素、氨基酸、咖啡碱及其完美配比，丰富的硒、锌、镁等微量元素及保健养生因子，奠定了其养生功效的物质基础，茶多酚与氨基酸协调的黄金配比，赋予了"梵净山茶"香高持久、鲜爽醇厚的独特品质。

荣誉奖项

2018—2020年，连续三年获中国绿色食品认证、中国有机产品认证；

2020年，"梵净山茶"品牌获评中国驰名商标；

2009年，被列为国家地理标志保护产品、全国地理标志农产品；

"梵净山茶"品牌荣获贵州省农业丰收奖、铜仁市科技进步奖、市科技成果转化奖、市哲学社会科学奖等各类奖项10余项。

系列产品

"梵净山茶"系列产品

品牌咨询

单位/企业名称	品牌工作联系人	联系方式
铜仁市茶叶行业协会	李思琦	15121633477

石阡苔茶

进入线上商城
了解品牌详情

品牌概况

石阡苔茶

石阡县有着"中国苔茶之乡"的美誉,"石阡苔茶"是石阡县当地茶农长期栽培选育形成的一个地方品种,母树属古茶树系列,是中国屈指可数的茶树良种。因其苔粗、芽状、节间长、苔状明显,且随着气温升高茶芽叶会变成紫色,俗称苔紫茶,获得中国驰名商标、贵州三大名茶等殊荣。依托"石阡苔茶"品牌效应,2020年,石阡县入选全国茶产业建设百强县名单和2020年生态茶产业十强县,被农业农村部认定为中国特色农产品优势区(第四批);2021年,石阡县成功申报进入国家现代农业产业园创建名单。

石阡苔茶

核心优势

石阡县优越的生态环境和良好的种植条件,造就了"石阡苔茶"产品香高、味醇的特质。"石阡苔茶"绿茶外形分扁形、卷曲形、珠形,色泽绿润,汤色黄绿明亮,滋味醇厚、粟香持久;红茶外形紧结成条、有金毫,色泽乌润,香气甜香带花果香,汤色琥珀明亮,口味浓醇甘甜。

"石阡苔茶"内合物积累丰富,素有"石阡苔茶'钾'天下"的美誉,具有香高、味醇、耐冲泡,富含钾、锰、锌、硒、铷等对人体有益元素及高水浸出物的特点。"石阡苔茶"红茶水浸出物≥34%、绿茶水浸出物≥40%,同时也是高EGCG(表没食子儿茶素没食子酸脂)茶,EGCG含量11.21%,最低达10.98%。

荣誉奖项

2009年，被列为国家地理标志保护产品；

2013年，"石阡苔茶"获评中国驰名商标；

2015年，获农产品地理标志产品认证；

2016年，获有机产品认证证书；

2023年，获中国绿色食品A级产品证书、HACCP食品管理体系认证证书、NOA质量管理体系认证证书；

2023年，获第五届亚太茶茗大奖金奖、银奖。

系列产品

"石阡苔茶"系列产品

品牌咨询

单位 / 企业名称	品牌工作联系人	联系方式
贵州苔茶产业发展集团有限公司	童祖明	15885181538
贵州祥华生态茶业有限公司	饶登祥	15985637378
贵州裕佳农业发展有限公司	杨 刚	15185800168
贵州夷州贡茶有限责任公司	王 宾	18785670888
贵州芊指岭生态茶业有限公司	田洪玉	13638132833

贵定云雾贡茶

进入线上商城
了解品牌详情

品牌概况

"贵定云雾贡茶"产于中国苗岭贡茶之乡——贵州省贵定县云雾山主峰。《辞源》载："云雾山，在贵州贵定南。为苗岭山脉主峰，乌、沅、盘三江之分水岭。山多危峰峭壁，云雾弥漫，故名。"如今的云雾山依然群山环绕、沟壑纵横、云雾缭绕，四季分明、热量适中、雨量充沛，属典型的高海拔、低纬度、多云雾产茶区。

当地的海葩苗民生产的清明茶，早在唐朝时期就成为皇家贡品，明清时期成为八大名茶之一。乾隆五十五年（1790年）苗族同胞为保护和发展云雾贡茶，特将官府批复文告刻碑立于云雾山上至今。康熙《贵州通志》（1673年）记载，"黔省各属皆产茶，贵定云雾山最有名"，光绪年间，贵州巡抚献"贵定云雾贡茶"两匣给朝廷，"一匣献给皇上，一匣献给老佛爷"。

"贵定云雾贡茶"在贵定县已发展成为一个农民脱贫致富的特色产业，种植面积已达24.74万亩，享有"中国苗岭贡茶之乡""中国贵定云雾山茶叶公园""贵州最美茶乡""2021年度区域特色美丽茶乡""农产品地理标志""贵州十大茶旅目的地""贵州十大古茶树之乡"等美誉。

核心优势

"贵定云雾贡茶"属恢复性历史名茶，是全炒青型卷曲绿茶，采用清明节前后采摘的"鸦雀嘴"嫩芽，经三炒、三揉、提毫、提香、文火慢烘，用传统工艺和现代先进技术相结合精制而成，富含茶多酚、咖啡碱、氨基酸、儿茶素、矿物质等多种营养成分，其特征为：形美——卷曲、显毫、匀整；色泽——干茶翠绿、汤色黄绿明亮、叶底嫩绿；香气——板栗香、蜂蜜香，回味甘甜，滋味浓厚。《茶道》载："饮用云雾茶，不仅能生津止渴、退热解暑、提神醒脑，而且具有减脂降压、抗癌、美容、抗衰老之功效，是纯天然保健饮料和馈赠佳品。"

荣誉奖项

1990年，获商业部优质产品奖；

1993年，获得中国国际保健精品博览会金杯奖；

1995年，获中国国际展销评比会金杯奖；

2002年、2005年，分别获第四届、第五届国际名茶评比金奖；

2005年，获第十届国际名茶评比特别金奖；

2008年，获第五届中国国际茶博会金奖；

2009年，获香港首届茶博会"我最喜爱的绿茶"奖；

2010年，获全国名茶奖、中国著名品牌、农产品地理标志登记证书、"贵州五大名茶"称号；

2015年，获贵州省手工茶类金奖茶王、第十三届中国国际农产品交易会参展产品金奖；

2016年，获第十一届国际名茶评比金奖；

2018年，获贵州秋季斗茶赛绿茶类金奖茶王；

2021年，品牌价值升至21.06亿元，获评年度区域特色美丽茶乡；

2023年，获首届贵州茶业"最具公众影响力十大品牌"称号。

系列产品

"贵定云雾贡茶"系列产品

品牌咨询

单位 / 企业名称	品牌工作联系人	联系方式
贵定县茶叶产业化发展中心	张　琼	15885566481

黎平雀舌

　　"黎平雀舌"主产区位于贵州省黔东南苗族侗族自治州黎平县，处在云贵高原东南边缘斜坡地带，海拔700米左右，年平均气温16℃，冬无严寒、夏无酷暑，雨热同季，多云雾，土层深厚、有机质含量高，土壤微酸性，含锌、硒等微量元素，适宜茶树生长，所产茶叶品质高。1999年，黎平县引进龙井43等茶树品种，后研制出"黎平雀舌"，深受消费者喜爱，在第九届、第十届"中茶杯"全国名优茶评比中均获一等奖。

黎平县茶园

核心优势

　　黎平县地处黔、湘、桂三省份交汇区域，是全国28个重点林区县、全省10个重点林业县之一，全县森林覆盖率达72.75%，生态植被良好，境内无工业污染，茶叶产业发展具有得天独厚的自然条件。1976年全县开始集中连片发展茶园，到2023年茶叶种植面积达到26.9万亩，曾荣获"中国十大生态产茶县""中国西部最美茶乡""中国名茶之乡""中国茶业百强县"等多项殊荣，是贵州省打造对接融入粤港澳大湾区"桥头堡"的核心区，对"黔货出山"走向大湾区市场具有独特的区位优势。

荣誉奖项

2011年，获第九届"中茶杯"全国名优茶评比一等奖；

2013年，获第十届"中茶杯"全国名优茶评比一等奖；

2018年，获得国家地理标志证明商标。

系列产品

"黎平雀舌"系列产品

品牌咨询

单位 / 企业名称	品牌工作联系人	联系方式
黎平县农业农村局	吴彩灵	18585425743
贵州省黎平侗乡茶城有限公司	吴廷兰	18212340801

普安红茶

进入线上商城
了解品牌详情

品牌概况

普安县享有"中国茶业百强县（全国重点产茶县）""中国古茶树之乡""中国茶文化之乡""全国十大魅力茶乡"等美誉。普安核心区茶叶产品通过欧盟500多项指标检测，生产的"普安红茶"更是被评为"中华文化名茶"，因其独特的气候条件和原生态的环境，"普安红茶"的茶青品质非常优异。贵州省山地气候资源研究所经过多年跟踪监测，于2017年为普安颁发了茶叶生产气候等级"特优"的证书，为普安茶青的品质提供了又一重磅而科学的证明。2022年1月1日，省农村产业革命茶产业发展领导小组授予普安县"'贵州绿茶'第一采永久首采地"荣誉。"普安红茶"系列产品畅销北京、上海、山东、广东、广西等地，出口至俄罗斯等国家。

核心优势

普安县有距今164万年的四球茶茶籽化石，茶叶种植历史悠久。"普安红茶"具有外形肥嫩略直、显峰苗，芽毫显露；色泽光润、金黄黑相间；香气似蜜、果、花香，香味悠长，呈地域香；滋味醇厚、甘润、鲜爽，独具韵味；汤色金黄透亮、显金圈，叶底呈金针状，匀整、软壳、鲜活，呈古铜色等特点。

普安江西坡

采茶布依族

荣誉奖项

2016年，被列为国家地理标志保护产品；

2017年，被评为"2017年贵州省最具营销创意公用品牌"；

2019年，获中国有机产品认证证书，农业农村部批准对"普安红茶"实施农产品地理标志登记保护；

2019年，获世界红茶产品质量推选金奖和银奖；

2019年，被列入《中欧地理标志协定》第二批中国地标产品保护清单；

2023年，入选全国名特优新农产品名录。

系列产品

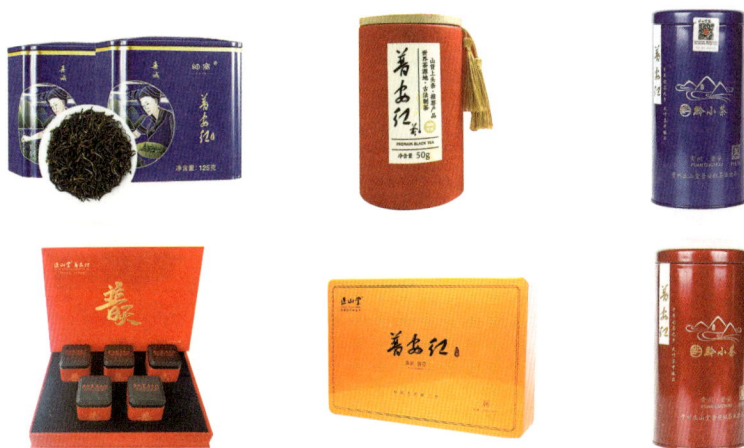

"普安红茶"系列产品

品牌咨询

单位 / 企业名称	品牌工作联系人	联系方式
普安县茶叶协会	黄仕洪	13595927979
贵州布依福娘茶业文化发展有限公司	王乐胜	15597998696
普安县宏鑫茶业开发有限公司	刘鹏辉	18748847073
贵州正山堂普安红茶业有限责任公司	罗绍江	15186597427
普安县细寨布依人家茶叶专业合作社	岑开文	13885985232
贵州普安红茶业（集团）有限公司	黄仕洪	13595927979

2

刺梨

贵州刺梨

进入线上商城
了解品牌详情

扫码可观看
品牌视频

品牌概况

刺梨是一种属于野生状态的水果，其资源分布主要集中在贵州，刺梨资源的利用最早就是在贵州，距今已有400多年的历史。近年来，刺梨产业是贵州省委、省政府重点培育发展的12大高效特色农业产业之一，并打造"贵州刺梨"公用品牌，对外树立"贵州刺梨"产品整体形象，传达"贵州刺梨·维C之王"的核心理念。

"贵州刺梨"品牌主打刺梨精深加工类产品，开发了刺梨原汁、饮料、发酵酒、果酒、茶、果脯、刺梨干、软糖、刺梨酥、口服液、含片、精粉等多种产品，推动让"贵州刺梨"家喻户晓。目前，全省种植面积达到200万亩，规模以上刺梨加工企业19家，打造刺梨栽培技术规程，刺梨鲜果、刺梨浓缩汁等产业团体标准15项，饮料、果脯、口服液、含片、原汁等企业标准5项。现在刺梨已从普通产品变成了"宝贝"。

刺梨

核心优势

天赐贵州好刺梨。"贵州刺梨"质优量大，具有较高的营养价值和保健作用，是贵州特有的药食两用水果。据数据显示，作为贵州当地特有的水果，每100克刺梨果肉中约含有维生素C 2585毫克。刺梨天然活性成分有卓越的抗氧化能力，鲜果与干果的化合物主要成分基本相同，除维生素C外，还含有大量的黄酮类、氨基酸类等功能性成分，其独特的营养价值已被广大消费者广泛认识和接受。

荣誉奖项

2000年，获中国绿色食品A级产品证书；

2012年，国家质检总局批准对"贵州刺梨"实施地理标志产品保护；

2021年，获GAP认证；

2022年，获第二十三届中国中部（湖南）农业博览会金奖和"最受欢迎农产品奖"；

2024年，获中国有机农产品认证。

系列产品

"贵州刺梨"系列产品

品牌咨询

单位 / 企业名称	品牌工作联系人	联系方式
贵州宏财聚农投资有限责任公司	尚金旭	13124680500
贵州初好农业科技开发有限公司	刘　鑫	17606065517
贵州天刺力生物科技有限责任公司	陈维政	18886947233
春归保健科技有限公司	杨梦海	18685393999
贵州恒力源天然生物科技有限公司	潘虹利	18302566746
贵州山王果健康实业有限公司	余丹敏	13037879058
贵州欣扬农业科技发展有限公司	顾自力	0857-8615777

安顺金刺梨

进入线上商城
了解品牌详情

进入小程序
了解更多详情

品牌概况

"安顺金刺梨"自然生长在西秀区老落坡山脉，1991年被当地群众发现，属保存较好的具有开发价值的本地特有野生无籽刺梨资源。1992年，农户开始自行扦插试种和扩繁，在西秀区和开发区等十余个乡镇试种都获得了成功，经过20余年推广，现全市各县（区）都有种植。金刺梨因成熟后果肉呈金黄色且经济效益好，被群众取名为"金刺梨"。

核心优势

"安顺金刺梨"（金果）个大，果皮黄褐色、密生小刺，成熟时小刺极易脱落；果肉呈艳丽的橙黄色，肥厚脆嫩；果色鲜黄，汁多味甜；果香味浓，果实味清香爽口、酸甜适度。果实自然存放期长，自然条件下可存放30余天。

"安顺金刺梨"（金果）营养成分丰富，富含维生素C、SOD酶（超氧化物歧化酶）、叶酸、β胡萝卜素、维生素E、多种矿物营养元素和多种人体必需的氨基酸，有较好的医疗保健作用，被誉为"新山珍"。经贵州师范大学理化测试中心分析测定，"安顺金刺梨"果实含糖量较高，含酸量较低，几无单宁，每100克富含维生素C 0.87毫克、维生素E 2.4毫克、维生素B_1 0.016毫克、维生素B_2 0.038毫克、胡萝卜素4.6毫克、SOD酶活性3869U/克、单宁1.53克、总糖5.04克。

刺梨花

刺梨果

荣誉奖项

2016年，获农产品地理标志登记证书；

2016年，获中国有机产品认证证书。

系列产品

"安顺金刺梨"系列产品

品牌咨询

单位 / 企业名称	品牌工作联系人	联系方式
安顺市农业技术推广站	李朝晖	13985305058
贵州得宝农业科技有限公司	吴 健	13698504441
贵州天赐贵宝食品有限公司	闫福泉	13908530888
春归保健科技有限公司	杨梦海	18685393999

3

中药材

贵天麻

进入线上商城
了解品牌详情

品牌概况

　　贵州省是中国天麻道地产区，有着得天独厚的自然条件，所产天麻品质较好，有"天麻佳品出贵州"之称，成为全国天麻道地产区，乌蒙山区、武陵山区和大娄山脉都有大面积的种植优势。近年来，贵州坚持"原生境、低密度、高品质、全链条"的发展路径，构建了从品种到产品的全产业链，推广仿野生种植模式，集成鲜天麻周年供应技术，制定产地趁鲜加工政策和"贵州天麻"道地药材质量标准，开展了药食同源相关工作。目前，全省61个县（区、市）种植面积38万亩，综合产值达22亿元；从事天麻种植、加工的企业190多家，注册了"九龙腾""贵州天齐""山沟沟"等20多个商标；获得药品批号14个、保健食品批号3个（天麻酒、天麻咀嚼片、天麻胶囊）。

核心优势

　　贵州天麻，仿野生种植，贵在自然天成的品质。贵州天麻含香荚兰醇、香草醛、维生素A类物质等多种丰富的营养物质，天麻素等药效物质含量高于《中国药典》规定，天麻多糖含量也高，具有显著的抗凝性、抗血栓作用，可以制药治病，也能做保健品日常食用。贵州天麻气微、性平、味甘、微辛，与其他食材共同烹饪，营养价值更胜，深受大众喜爱。

"贵天麻"系列产品

品牌咨询

单位 / 企业名称	品牌工作联系人	联系方式
贵州省中药材专班	苑 媛	15885026494

大方天麻

进入线上商城
了解品牌详情

品牌概况

　　"天麻佳品出贵州，贵州天麻属大方"。大方是贵州省内野生天麻主产区之一，其天麻质量和产量均居首位，外形美观。早在20世纪70年代末，当地群众就开始人工种植天麻，2021年底，大方县天麻种植面积超3万亩，仅发展天麻种植的企业、专业合作社就有近40家，覆盖全县31个乡镇（街道），带动全县9000多户农户实现增收，年产值达2亿多元。"大方天麻"产量约占全国天麻总产量的5%，获保健食品批号2个，其深加工的天麻胶囊、天麻酒、天麻饮料等系列产品正逐步走向市场。

专家在对收获的天麻进行质量检查

核心优势

　　大方县因得天独厚的自然条件，所产野生"乌天麻"的天麻素含量较高，也因

此获得了"中国天麻之乡"的称号。"大方天麻"明代就是进贡皇室的珍品，拥有600多年的进贡历史，素以"滋补之王"的称号驰名中外。无论野生或家种，主要药用成分天麻素的含量均较高，而且还有10多种含量较高的人体所必需的元素，如钾、钠、钙、硫、磷、硼、锰、钴、钼、铷等。野生"大方天麻"的天麻素含量为0.5%~1.0%，平均值为0.77%，是药食同源的优质原料。

荣誉奖项

2008年，获国家地理标志产品保护认证，大方县被中国食品工业协会授予"中国天麻之乡"；

2015年，被国家质检总局批准为国家生态原产地保护产品；

2017年，被国家中医药管理局授予"国家基本药物所需中药材（天麻）种子种苗繁育基地"；

2019年，被农业农村部认定为全国唯一的"国家级区域性良种（天麻）繁育基地"；

2021年，贵州省获批全国首批天麻"药食同源"生产试点。

系列产品

"大方天麻"系列产品

品牌咨询

单位/企业名称	品牌工作联系人	联系方式
大方县特色产业发展中心	陈亮景	18146201029

德江天麻

进入线上商城
了解品牌详情

品牌概况

德江县位于贵州省东北部，素有"中国天麻之乡"的美称，早在清朝时就以盛产天麻著称。"德江天麻"生产历史悠久，久负盛名，是进贡朝廷首选之物。目前，县内涉及天麻产品研发的国家级龙头企业1家、省级龙头企业3家，常年种植天麻面积2.5万亩、产量4500吨，综合产值4.6亿元，已开发有天麻酒、天麻饮料、天麻面膜、天麻咀嚼片等10余种天麻产品，注册有"德江天麻""贵宝传奇"等系列商标12个；先后研发了具有缓解疲劳功能的天麻人参马鹿茸酒和具有改善睡眠功能的天麻酸枣仁咀嚼片，并均已获得国食健注号批文（蓝帽子）。2016年，经中国品牌建设促进会品牌评价发布工作委员会审定，"德江天麻"的品牌强度为710，品牌价值为18.09亿元。中央电视台《神州风采》《农广天地》《走遍中国》《开讲啦》等栏目先后到德江拍摄了《天麻之乡》《农耕中国》《德江人的天麻经》《本草中国：德江天麻》等专题片，天麻已成为德江的重要名片之一。

核心优势

"德江天麻"以红秆天麻为主，具有个大、肥厚、质坚实，天麻素含量高、重金属含量极微，无农药残留、无污染、食用安全等独特的品质和较高的药用保健价值。"德江天麻"被列为"第七批全国农业标准化示范区"建设，"德江天麻"仿野生栽培技术等多次获铜仁市科技进步奖二等奖，德江县仿野生天麻栽培关键技术推广与应用获铜仁市科学技术成果转化奖二等奖。2020年10月，经贵州省中国科学院天然产物化学重点实验室检测，"德江天麻"天麻素和对羟基苯甲醇总含量最高达1.61%，比《药典》规定的0.25%高出1.36个百分点。

荣誉奖项

1993年，"德江天麻"在曼谷举办的中国优质农产品及科技成果设备展览会上获银奖；

1996年，"德江天麻"有性繁殖产品获国家科委"星火计划"十周年暨"八五"农业科技攻关成果博览会优秀项目奖；

2007年，"德江天麻"获国家地理标志保护产品认证；

2011年，国家商标局批准"德江天麻"地理标志证明商标；

2012年，贵州省科技厅批准德江县为贵州省天麻规范化生产科技示范推广基地县，同时德江县被列入37个中药材发展重点县；

2012年，科技部批准德江天麻仿野生栽培与加工技术集成示范为国家科技富民强县专项计划项目建设；

2013年，德江县获"中国绿色生态天麻之乡"称号；

2014年，德江县获"中国绿色生态天麻十强县"称号。

系列产品

"德江天麻"系列产品

品牌咨询

单位/企业名称	品牌工作联系人	联系方式
贵州洋山河生物科技有限公司	蔡 杭	18166788257
贵州天德农产品开发有限责任公司	曾宪强	15985663728
德江县绿通天麻发展有限公司	文玉朝	18286604888
德江县康奇药植开发有限公司	张玉兴	13985336078

赤水金钗石斛

进入线上商城
了解品牌详情

扫码可观看
品牌视频

品牌概况

"赤水金钗石斛"有100多年的栽种历史，野生栽种面积达10万亩，面积居全国第一。赤水市充分利用荒山荒石资源，原生态栽种，不施肥不打药，并制定了种苗补贴、贷款贴息、大户奖励、土地流转等优惠政策，创新推进了金钗石斛价格指数保险对中药材发展项目优先列入财政涉农资金进行支持，2020年赤水市中药材企业获批金融支持2.7亿元。

当地采取"公用品牌＋自主品牌"相结合的模式，深入实施"两品一标一规范"认证。建成传统饮片、冻干饮片、超微粉等GMP生产线4条，茶、酒、饮料、醋、糖果等食品生产线12条，研发出石斛饮片、石斛醋、石斛酒等15个系列40余个产品，注册商标70个，获得国家级名片10余张。

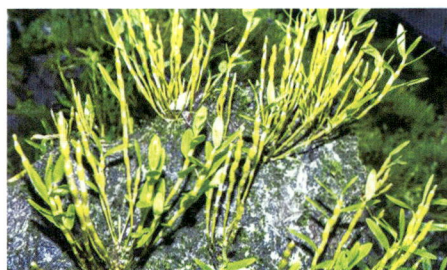

赤水金钗石斛

核心优势

金钗石斛益胃生津、滋阴清热，是国家二级保护的珍稀名贵中药材，历版《中国药典》均有收载。赤水市是金钗石斛主产区和药源库，独特的丹霞岩石和不可复制的气候条件孕育出了地道的金钗石斛，"赤水金钗石斛"根茎粗伟、色泽鲜明、肥满多汁、药效显著，石斛碱含量远高于药典规定的0.4%的标准，具有抗病毒、抗流感、抗炎作用，对心脑血管、消化系统、呼吸系统、眼科等方面疾病有明显功效。

荣誉奖项

2006年，获国家地理标志产品保护；

2014年，获国家GAP认证；

2017年，获农产品地理标志保护登记证书；

2018年，通过GMP认证；

2020年，获中国有机产品认证证书；

2023年，获SRS欧盟有机认证证书；

2023年，获评"气候好产品"；

2023年，入选全国名特优新农产品名录。

系列产品

"赤水金钗石斛"系列产品

品牌咨询

单位 / 企业名称	品牌工作联系人	联系方式
赤水市现代高效农业园区发展服务中心	邓贤芬	18984996973
贵州赤水国礼金钗石斛发展有限公司	莫明波	15329525059
赤水信天斛满堂药业有限公司	杨继勇	13312322440
赤水芝绿金钗石斛生态园开发有限公司	刘志霞	13802999045
赤水市瑞康中药材投资开发有限公司	胡生朝	13648524789

兴义黄草坝石斛

进入线上商城
了解品牌详情

品牌概况

　　兴义市地处北纬25°，因其独特的喀斯特地貌和地理气候生态环境，极适宜石斛生长。《兴义县志》记载，"明朝天启三年（1623年），因县城产中药黄草始称黄草坝"；咸丰三年（1854年）张撰《兴义府志》记载，"按石斛，产兴义县，石斛茎黄，邑人呼为黄草，邑治旧名黄草坝，以此得名也……"。黄草坝因盛产黄草而得名，地名沿用至今，石斛种类繁多，以铁皮石斛种植为主。

　　贵州全省产石斛属植物22种，黔西南产19种，其中兴义市就有16种以上，包括铁皮石斛、环草石斛、金钗石斛、盘江石斛、钩状石斛、勐海石斛、重唇石斛、细茎石斛等种类。黔西南州中药材产业采取"公司＋合作社＋农户""公司＋基地＋农户"模式带动农户发展。

核心优势

　　"兴义黄草坝石斛"古称"黑节草"（铁皮石斛），以其优良品质广为消费者喜爱。"兴义黄草坝石斛"以仿野生（石栽和树栽）种植为主，品质优，富含多种石斛多糖、石斛碱、氨基酸等有益成分，石斛多糖含量高达54%，甘露糖含量为31.5%，远超药典指标。

　　石斛鲜条为圆柱状长条，节明显，质硬，易折断；断面平坦疏松，气味清香；味淡或微甜，嚼之有黏稠性；具有滋阴润肺、增强免疫、延缓抗衰、护肝利胆、养胃健脑明目、控糖降脂等功效。

2017年，获农产品地理标志登记证书；

2018年，获中国有机产品认证证书。

系列产品

"兴义黄草坝石斛"系列产品

品牌咨询

单位 / 企业名称	品牌工作联系人	联系方式
兴义市农业农村局	张 义	13985966311
贵州首草健康发展有限公司	曾 鉴	18985998533
兴义市福丰农业资源发展有限公司	刘 虎	18748993366
贵州九敬元健康服务有限公司	朱华承	18748869008
黔西南州绿缘动植物科技开发有限公司	柏孝辉	13595935233
贵州皇草农特旅游开发有限公司	蒋 艳	18284939617

赫章半夏

进入线上商城
了解品牌详情

品牌概况

　　毕节市赫章县是贵州省半夏药材的主产区，有着二十多年的人工栽培历史。2018年以来，德卓镇坝塘村，河镇乡以则村、老街村等地建设半夏种植基地1000余亩。2019年，"赫章半夏"种植面积已达1.615万亩，建成双坪乡半夏标准化种植示范基地4000亩、德卓乡半夏标准化种植示范基地2000亩、河镇乡半夏标准化种植示范基地2000亩等。

核心优势

　　"赫章半夏"外观特征明显，产品质量特点突出。外形呈白色或浅黄色，质坚实，断面洁白；粉性较足，富含挥发油，脂肪含量少；尤其多含生物碱，备受医药专家推荐，秋季采挖，晒干入药，炮制品有清半夏、法半夏、姜半夏、半夏曲、竹沥半夏等；味辛，性温，可燥湿化痰、降逆止呕、消痞散结，外用可消肿止痛，被广泛用于治疗湿痰、呕吐、反胃、咳嗽、痰多、头痛失眠等，是上好的中药材原料。

荣誉奖项

2013年，国家质检总局批准对"赫章半夏"实施地理标志产品保护。

系列产品

"赫章半夏"系列产品

品牌咨询

单位 / 企业名称	品牌工作联系人	联系方式
赫章县农业产业发展服务中心	张　捷	18386056564

梵净山黄精

进入线上商城
了解品牌详情

品牌概况

"净土无闲草,梵天多灵药"。铜仁市梵净山被誉为地球同纬度唯一的原始绿洲、动植物基因库,享有"世界自然遗产地""国家5A级旅游景区""中国天然氧吧"等多张名片,至今还孑遗着7000万年前至200万年前的古老珍稀物种,"世界独生子"黔金丝猴和"植物界大熊猫"珙桐等7300多种动植物在此栖息。这里植被丰富、山高雾浓、雨量充沛、空气清新、溪明如镜,良好的自然生态环境铸就了铜仁中药材的良好品质。铜仁市境内有野生中药材品种2287种,其中药用植物2086种、药用动物175种、药用矿物26种,堪称"梵净药库"。铜仁市"梵净山黄精"被纳入贵州省第一批道地药材目录,主产区位于贵州省铜仁市江口县、松桃县、印江县及周边区域,地处黔湘渝三省结合部、武陵山区腹地,种植黄精8.5万亩,平均亩产2.5吨,年可投产面积达1万亩,产量2.5万吨。

梵净山景色

核心优势

黄精始载于我国第一部药学专著《神农本草经》,为百合科黄精属黄精、滇黄精、多花黄精的干燥根茎,被收录于《中国药典》并作为药食同源品种,具有补中益气、降血糖、降血脂、抗氧化、抗衰老、抗肿瘤、抑制老年痴呆、提升免疫力、抗疲劳、抗病毒、抗菌、抗炎、预防骨质疏松等功效,是一种重要的养生保健药食同源药材。

梵净山区域气候环境得天独厚,非常适合种植黄精,出产的黄精多糖含量达29%,是药典规定(7%)的4倍多,高于全国大部分地区。

黄精植株　　　　　　　　　　　　　　黄精切片

2021年，获国家黄精创新联盟颁发的二等奖、黄精系列菜系一等奖；

2021年，"梵净山黄精"加工产品被评为全国"十佳风味"黄精产品。

系列产品

"梵净山黄精"系列产品

品牌咨询

单位／企业名称	品牌工作联系人	联系方式
贵州同德药业有限公司	卢文婧	15117737617
贵州和自然农业开发有限公司	王树林	13908177919
贵州精源科技有限公司	张远明	18285604760
贵州苗药生物科技有限公司	路贵霖	18185638555
贵州梵净山珍公司	任明胜	13595680030
贵州天宇公司	宋　波	18685603996

江口淫羊藿

进入线上商城
了解品牌详情

品牌概况

　　"江口淫羊藿"主产区是贵州省铜仁市江口县。江口县得天独厚的地理环境造就了江口淫羊藿的优良品质，产出的淫羊藿药材质量稳定，均符合《中国药典》标准。受梵净山的影响，江口县气候特点突出，四季分明，无霜期长，雨量充沛，水热同期，光热同季，年均气温16.2℃，年平均日照时间1257.3小时，无霜期288天，年均降水量1369.6毫米，年均相对湿度81%，特别适宜淫羊藿生长。

　　淫羊藿已作为江口县中药材首位产业被推广种植，已建成全国最大的标准化淫羊藿育种育苗和林下种植基地，带动本地农户增收。

江口县标准化淫羊藿育种育苗基地

核心优势

淫羊藿为《中国药典》收载品种，具有补肾阳、强筋骨、祛风湿功效。目前市场上以淫羊藿为原料的加工产品有中成药、保健品、提取物、配方颗粒、破壁原生粉等。淫羊藿药材饮片及炮制品为医院制剂常用的配伍中药之一，国内部分淫羊藿原料和提取物远销至韩国、日本及东南亚、欧、美等地区。

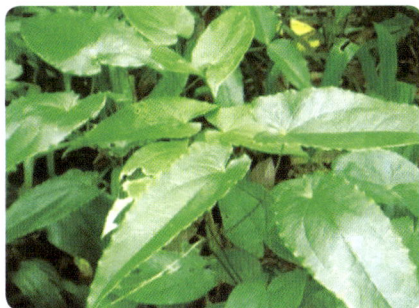

淫羊藿

"江口淫羊藿"生产管理规范，质量稳定、可控，淫羊藿药材主要指标成分淫羊藿苷含量均能达到0.5%以上，重金属、农残均符合《中国药典》标准规定，并深受市场青睐。

荣誉奖项

"江口淫羊藿"获中国中药协会组织评审的"2022年生态中药材品牌"。

系列产品

"江口淫羊藿"系列产品

品牌咨询

单位/企业名称	品牌工作联系人	联系方式
国药集团同济堂（贵州）制药有限公司	王新村	13765811286

罗甸艾纳香

进入线上商城
了解品牌详情

品牌概况

　　罗甸县境内属亚热带季风气候区，具有春早、秋迟、夏长、冬短的气候特点，年均气温19.6℃，其中冬季平均气温11.6℃，年日照时长1350～1520小时，年均降水量1335毫米，无霜期长达335天，素有"天然温室"之称，非常适宜发展有机绿色的艾纳香产业。"罗甸艾纳香"长期以来一直是农户走向致富的特色产业，全县种植面积近万亩。2012年"罗甸艾纳香"获得国家地理保护标志，被列入全省9个重点发展的中药材品种。

核心优势

　　罗甸县是艾纳香的原产地，这里生产的艾纳香以提取艾粉含量高和质优而享誉全国，具有"艾纳香之乡"的美誉，是全国最早开展艾纳香GAP标准化示范种植的县。"罗甸艾纳香"被列为科技部重大攻关项目——贵州道地中药材GAP试验示范基地建设品种之一。

贵州省罗甸县是"艾纳香之乡"

"罗甸艾纳香"有多种用途，艾纳香的叶、枝、根均可药用。内服可主治感冒、风湿性关节炎、产后风痛、痛经；外用可治跌打损伤、疮疖痈肿、湿疹、皮炎。艾纳香的叶和嫩枝是提取天然冰片的重要原料。艾纳香叶含挥发油，其中以L-龙脑为主，另含桉叶素、柠檬烯、倍半萜烯醇、黄酮化合物、二氢黄酮化合物以及倍半萜类化合物等，具有较强的抗真菌活性。据对其有效成分龙脑含量分析测定，罗甸县境内产的艾纳香含量最高为0.607%，含量最低为0.218%，平均含量值为0.414%，高于省内其他地区艾纳香的龙脑含量（0.25%～0.35%）。"罗甸艾纳香"是罗甸野生特色民族医药资源。艾叶经过蒸馏技术加工后形成艾粉，再将艾粉提炼后可制成能抑制霍乱弧菌、大肠杆菌、金黄色葡萄球菌生长的天然冰片，是多种中成药的主要成分。

荣誉奖项

2012年，被列为国家地理标志保护产品、全国地理标志农产品；
入选2021年贵州省农产品品牌50强。

系列产品

"罗甸艾纳香"系列产品

品牌咨询

单位/企业名称	品牌工作联系人	联系方式
贵州艾力康中草药开发有限公司	付　波	18085434440

施秉太子参

进入线上商城
可点击购买商品

品牌概况

　　施秉县太子参种植始于1993年，历经探索、起步和发展3个阶段，贵州省黔东南州施秉县从最初几十亩的种植规模，发展到现在常年保持在8万亩以上，主产地施秉县牛大场镇的中药材交易市场的太子参年交易量常年保持在6000吨以上，占全国产地交易量的70%，成为全国太子参三大主产区之一，并且拥有全国最大的太子参单品产地交易市场。施秉县已成为名副其实的"中国太子参之乡"。

施秉太子参牛大场交易中心

核心优势

　　太子参又名孩儿参，中药，味甘、微苦、性平，功媲大参，有益气健脾、生津润肺、提高免疫力之功效，主治脾虚体倦、食欲不振、病后虚弱、气阴不足、自汗口渴、肺燥干咳。因"施秉太子参"具有色泽好、药效佳、个体饱满等优良品质，其每千克售价高出全国其他产品10元左右，产量产值已占全国1/4，受到全国各地药商青睐。

"施秉太子参"种植基地

荣誉奖项

2006年，通过国家GAP认证；

2009年，"施秉太子参"生产技术被评为贵州省"十一五"十大农业科技成就奖。

2012年，获国家地理标志证明商标；

2016年，施秉县被授予"国家太子参栽培综合标准化示范区"称号；

系列产品

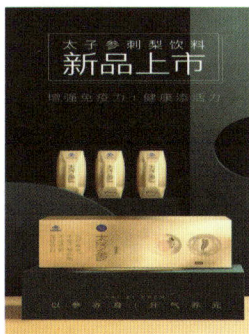

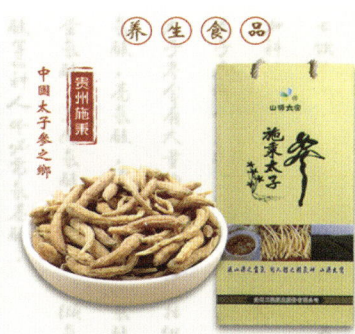

"施秉太子参"系列产品

品牌咨询

单位 / 企业名称	品牌工作联系人	联系方式
施秉县农业农村局	江涛	0855-4221292
贵州三泓药业股份有限公司	邓欢欢	13708556786

安龙白及

进入线上商城
了解品牌详情

品牌概况

据《安龙县志》记载，安龙县野生白及人工采收和利用历史在300年以上。黔西南布依族苗族自治州安龙县良好的环境非常适宜白及生长，全县可种植面积达1万亩以上。安龙白及作为安龙县中药材产业的优势品种，以"公司＋基地＋农户"模式，带动了当地群众增收致富。

核心优势

白及为兰科植物，是中药材里的珍稀品种。安龙县的白及原植物符合《中国植物志》收载的兰科白及属多年生植物白及的植物特征。"安龙白及"呈不规则扁圆形，多有2～3个爪状分枝，长1.5～5厘米，厚0.5～1.5厘米；质坚硬，不易折断，断面类白色，角质样；气微，味苦，嚼之有黏性；含水量为71.11%～74.71%，多糖含量为45.21%～58.58%，胶含量为48.17%～60.57%。

荣誉奖项

2017年，被列为国家地理标志保护产品；

2018年，获农产品地理标志登记证书；

2021年，获中国有机产品认证证书。

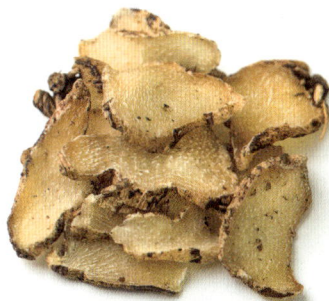

"安龙白及"系列产品（图片来源：《贵州日报》）

品牌咨询

单位/企业名称	品牌工作联系人	联系方式
安龙县农业农村局	李 华	13658599168

4

水果

修文猕猴桃

进入线上商城
了解品牌详情

扫码可观看
品牌视频

品牌概况

　　修文县从20世纪80年代末期开始种植猕猴桃，至今已有36年历史，先后经历了起步期（1988—1995年）、发展期（1996—2015年）和跨越期（2016年至今），历届县委、县政府坚持把猕猴桃产业作为特色产业来打造。"修文猕猴桃"种植面积16.7万亩，居全国第三、全省第一。全县猕猴桃企业169家（省级龙头企业3家、市级龙头企业4家）、合作社130家（国家级示范社2家、省级示范社5家）、种植农户6841户（10亩以上大户2525户）。通过省、市对"修文猕猴桃"产业的大力支持，已建成贮藏保鲜库423余座、容量2.9万吨，其中气调保鲜库60座、容量0.77万吨，高温冷库340座、容量2.13万吨；拥有猕猴桃分拣线10条，日分拣能力达1500吨，其中智能光电分选包装线1条，实现了对猕猴桃的精细化分拣和包装；培育精深加工企业6家，知名企业品牌包括"7不够""高小猕""采上果""米小猴"等30余个。

核心优势

"修文猕猴桃"IP形象

　　产地优美。"修文猕猴桃"原产地在贵州省修文县，生态环境良好，天与果完美合一。

　　颜值俏丽。"修文猕猴桃"的主栽品种为贵长，是贵州省果树研究所会同贵州省理化测试中心、贵州省植物园等13家协作单位经11年的调查研究选育出的优势品种，属于绿肉系列，外表覆盖细密绒毛，果肉细嫩香糯、酸甜适中。

　　酸甜美味。"修文猕猴桃"含芳香类化合物高达44种，富含果香、花香、清香等风味，酸甜口感，可口怡人。

营养 "C位"。"修文猕猴桃"中叶酸、β-胡萝卜素、维生素E、膳食纤维的含量均明显高于其他同类猕猴桃，是营养密度极高的水果。

荣誉奖项

2011年，获国家地理标志证明商标、国家地理标志保护产品、农产品地理标志登记保护；

2018年，被评为国家级现代农业产业园；

2021年，获中欧互认地理标志农产品，被评为全国绿色食品原料（猕猴桃）标准化生产基地；

2022年，被评为贵州省十强农产品区域公用品牌；

2023年，入选农业农村部农业品牌精品培育计划名单，入选全国名特优新农产品名录。

系列产品

"修文猕猴桃"系列产品

品牌咨询

单位/企业名称	品牌工作联系人	联系方式
修文县农业农村局	李秋萍	13639122022

麻江蓝莓

进入线上商城
了解品牌详情

扫码可观看
品牌视频

品牌概况

麻江县地处贵州省中部，属北纬26°黄金水果产业带，非常适宜绿色有机蓝莓的种植。麻江县从1999年起率先发展蓝莓产业，在政府扶持引导、企业带动、农民参与下，实现了"麻江蓝莓"品牌产业的规模化和产业化发展。目前，全县种植蓝莓8.72万亩，已形成集育苗、栽培、加工、物流、销售于一体的全产业链条，是国内人工种植蓝莓面积最大的县、中国蓝莓主要产区和产业发展核心区域；同时围绕蓝莓产业，配套加工、贸易、旅游、文化等产业，形成了农文旅、农工商等产业的高度融合发展。蓝莓产业已经成为麻江县农业主导产业。

麻江蓝莓

"麻江蓝莓"长势喜人

核心优势

　　"麻江蓝莓"果实独特，外观呈圆形或扁圆形，果径1.0～2.0厘米，颜色深蓝色、润泽饱满；果肉细腻多汁、气味清香、酸甜适宜，富含锌、硒等微量元素；有胶质感，花青素含量高，耐储藏，果品质量上乘。"麻江蓝莓"被誉为"人间仙果"，具有明目、抗癌、增强人体免疫力等功效。

荣誉奖项

2016年，国家质检总局批准对"麻江蓝莓"实施地理标志产品保护；

2020年，被评为贵州省麻江县麻江蓝莓中国特色农产品优势区；

2020年，入选《中欧地理标志协定》互认产品清单；

2021年，入选贵州省农产品区域公用品牌名单；

2023年，入选农业农村部品牌精品培育计划名单和全国"土特产"推荐名单。

系列产品

"麻江蓝莓"系列产品

品牌咨询

单位/企业名称	品牌工作联系人	联系方式
麻江县蓝莓产业发展服务中心	洪　宇	0855-2622249

镇宁蜂糖李

进入线上商城
了解品牌详情　　扫码可观看
品牌视频

品牌概况

　　"镇宁蜂糖李"在李子界素有"李中茅台""中华第一李"之美誉。核心种植区属典型的亚热带低热河谷小气候地带，素有"天然温室"的美称，加之特殊的土壤环境，出产的蜂糖李品质、口感绝佳，备受消费者青睐，是目前国内市场非常畅销、单价较高的李类单品。目前，镇宁布依族苗族自治县蜂糖李种植、产值规模均居全国第一，种植面积22.01万亩，2023年投产面积15.73万亩，年产量5.97万吨，年产值30.01亿元，带动1.5万户6.2万人增收致富。

核心优势

　　镇宁布依族苗族自治县为蜂糖李母本发源地，主产区特殊的地理环境、气候条件孕育了独一无二的蜂糖李。"镇宁蜂糖李"外裹天然蜡粉，果形大、果顶平，缝合线明显；果皮浅黄绿色、果肉淡黄色，核小、离核，可食率高，果肉质密酥脆，肉、皮均甜，味甘如蜜，食之难忘。

"镇宁蜂糖李"果树

荣誉奖项

2017年，荣获全国优质李金奖；

2019年，入选中国农业品牌目录；

2020年，"镇宁蜂糖李"核心产区六马镇入选全国"一村一品"示范村镇；

2021年、2022年，核心产区六马镇分别被农业农村部评为贵州省唯一一家"全国乡村特色产业十亿元镇""全国乡村特色产业超十亿元镇"；

2021年，入选中国农产品百强标志性品牌；

2022年，入选全国名特优新农产品名录、中国农产品百强标志性品牌，获评贵州省十强农产品区域公用品牌、贵州省级劳务品牌；

2023年，入选"2022年中国品牌信用发展蓝皮书金信奖——乡村振兴优秀案例"，"2023年全国'土特产'推介名单"，以六马镇为核心的镇宁蜂糖李产业园和镇宁蜂糖李特色农产品优势区，分别成功申报创建2023年省级现代农业产业园、贵州省特色农产品优势区。

系列产品

"镇宁蜂糖李"系列产品

品牌咨询

单位/企业名称	品牌工作联系人	联系方式
镇宁自治县蜂糖李产业发展中心	段全丽	13765321957
贵州黄果树果业有限公司	岐斐	18185305180

沿河沙子空心李

进入线上商城
了解品牌详情

品牌概况

沙子空心李在沿河县种植历史悠久，因其果实成熟时自然离核、口感酸甜度适中而闻名。2019年，沙子空心李基地8.8万亩，投产果园4.8万亩，年产量4.2万吨，产值8.15亿元；2020年，沙子空心李基地9.28万亩，投产果园5万亩，年产量5万吨，产值8.5亿元；2021年，沙子空心李基地9.28万亩，投产果园5万亩，年产量5.28万吨，产值8.976亿元。产品主要通过线上与线下两种方式进行销售，线下主要是产地直销方式，主要销往省内及重庆、四川、湖南、广东等地。

核心优势

"沿河沙子空心李"素有"人间仙果、李中茅台"之美誉。沙子空心李一般在7月下旬成熟，成熟后果实呈扁圆形，外表会自然有银灰色的白蜡质保护层，色泽鲜艳，平均单果重约35克，单果最大重量约50克。其果肉脆嫩、清香浓甜、汁液多、口感好，蛋白质、维生素及微量元素含量丰富，是很好的鲜食果品，具有"清热解毒，健脾开胃，养颜益寿"之功效。

沙子空心李果实

2006年，沙子空心李被国家质检总局列为国家地理标志产品；

2013年，获中国园艺学会李杏分会颁发的"中国优质李金奖"；

2015年，沙子空心李通过中国农产品区域公用品牌价值评估，课题组评估品牌价值为 4.46 亿元；

2016年，获"全国果菜产业百强地标品牌奖"；

2016年，沿河土家族自治县被中国果品流通协会授予"中国空心李之乡"称号。

系列产品

"沿河沙子空心李"系列产品

品牌咨询

单位 / 企业名称	品牌工作联系人	联系方式
沿河土家族自治县鑫兴李王农民专业合作社	温小英	13885692597
沿河土家族自治县天然富硒绿色食品开发有限公司	田 清	17785296815
沿河土家族自治县沙子楠木空心李农民专业合作社	冉隆山	13595629460
沿河土家族自治县嘉禾种养殖有限公司	符治霞	15718666165
红花盖生态种养农民专业合作社	田 磊	13595601805

凉都弥你红

进入线上商城
了解品牌详情

扫码可观看
品牌视频

品牌概况

六盘水市猕猴桃种植面积20.08万亩，2022年猕猴桃产量达4.85万吨，产值达12亿元；猕猴桃企业发展到56家，其中国家级龙头企业1家，省级龙头企业10家。2014年，六盘水市整合1家市级国有企业（六盘水市农投公司）、2家县级国有企业（水城县宏兴公司和六枝强农公司）及25家民营企业，组建了六盘水凉都猕猴桃产业股份有限公司（简称六盘水猕猴桃集团公司）。为保证猕猴桃质量和市场，从猕猴桃基地种植、收购储存、分选包装、品牌打造到运输销售，六盘水猕猴桃集团公司坚持全产业链"六统一"经营策略，即统一战略、统一标准、统一质量、统一服务、统一品牌、统一销售，致力于推动六盘水红心猕猴桃产业提质增效。六盘水猕猴桃集团公司始终坚持一手抓产品品质和标准提升，一手抓品牌打造，按照"打造中国猕猴桃产业链第一品牌"的品牌战略目标构建"弥你红"品牌营销系统，形成"一核多胞"的产品结构，除猕猴桃鲜果外，还研发了果汁、果浆、原液、果酒、蒸馏白酒、白兰地、果糕等精深加工产品，产品供应链优势明显。

凉都"弥你红"牌红心猕猴桃

核心优势

六盘水市又称作"中国凉都"，高海拔、低纬度，昼夜温差大，立体气候明显，造就了"弥你红"红心猕猴桃甜蜜、水润、营养的品质和口感。六盘水市作为中国野生猕猴桃之乡，地处北纬26.5°，也被认证为猕猴桃黄金生长带上的黄金生长点。水城红心猕猴桃属中华系，大果型品种，果实整齐、果形美观、果皮绿色，成熟后果肉翡翠绿色，横截面果心红色，沿果心较均匀地分布着放射状血红色条纹，宛如一轮光芒四射的初升旭日，极为美观；因采用有机种植法，形成了优异于其他产区的独特口感：熟后平均甜度可达20，口感细腻水润、果香味充足，营养风味更全面。

荣誉奖项

2007年，获中国（江西）果品苗木展销会"猕猴桃类"金奖；

2008年，被国家质检总局批准为国家地理标志保护产品，被评为中国2008年北京奥运会推荐果品；

2010年，被评为中国2010年上海世博会指定果品；

2014年，获第十五届中国绿色食品博览会金奖、中国中部（湖南）国际农博会金奖、中国有机产品认证；

2016年，获农业部农产品地理标志认证；

2019年，获俄罗斯出口EAC认证；

2022年，获国家级生态原产地保护示范产品。

系列产品

凉都"弥你红"系列产品

品牌咨询

单位/企业名称	品牌工作联系人	联系方式
六盘水凉都猕猴桃产业股份有限公司	段召华	18216808829

威宁苹果

进入线上商城
了解品牌详情

品牌概况

　　"威宁苹果"栽培历史可追溯至20世纪40年代，当时所产的"黄元帅"苹果，曾在1973年"全国外销苹果生产基地会议"优良品种鉴评中获黄色品种第二名。进入21世纪，"威宁苹果"被农业部（2018年已更名农业农村部）列入全国特色农产品区域规划。为加快推进苹果产业快速发展，进一步促进产业转型升级和农民增收，2016年6月，威宁彝族回族苗族自治县特别制定了《威宁县苹果产业发展总体规划》，明确今后的目标任务是把威宁打造成"中国高原生态苹果基地"。2017年，"威宁苹果"获得农业部农产品地理标志登记，依法实施保护。

核心优势

　　威宁彝族回族苗族自治县具有低纬度、高海拔、光照充足、昼夜温差大等自然优

"威宁苹果"熟了

势，基地种植的苹果颜色红、品相好、含糖高、口感佳。威宁高山苹果果肉细腻、果核为半透明状，可溶性固形物含量最高可达19%，营养丰富，属绿色、有机、纯天然果品，在市场上深受欢迎，主要销往北京、上海、南昌、贵阳等全国各地的大型超市。早熟苹果相对于中、晚熟苹果有明显的竞争优势和价格优势。

荣誉奖项

2017年，获国家农产品地理标志登记认证和国家地理标志产品保护认证；

2018年，以品牌价值2.6亿元荣登中国果品区域公用品牌价值榜第108位；

2018年，喜获"国家地理标志保护产品"称号；

2019年，第二十届中国绿色食品博览会暨第十三届中国国际有机食品博览会上，获中国绿色食品博览会金奖；

2020年，凭借品牌价值4.11亿元荣登2020中国果品区域公用品牌价值榜第116位，第三次跻身"中国果品区域公用品牌价值榜"。

系列产品

"威宁苹果"系列产品

品牌咨询

单位 / 企业名称	品牌工作联系人	联系方式
威宁彝族回族苗族自治县农业区划中心	杜　敏	13678571566

长顺苹果

进入线上商城
了解品牌详情

品牌概况

　　长顺县地处低纬度、高海拔地区，山地垂直立体气候为苹果生长提供了天然条件，品牌优势突出：一是在全国范围内，要比北方苹果早上市20多天；二是温差比较大，有利于果实的糖分积累，提高了果实的品质和口感。长顺县针对低效果园、抗风险能力弱的特点，强基础、上设施、延链条、创品牌，全力解决苹果生产、加工各环节的"痛点"，2022年长顺县种植苹果面积达5.83万亩，投产面积3.8万亩。

核心优势

　　长顺县高钙苹果成熟时间比山东、陕西种植大省的要早，"长顺苹果"果形近圆形，单果重大于等于150克；果皮紫红色、着色均匀，着少量小白斑点，果皮薄，果肉淡黄色；果肉松脆，质地细腻多汁，肉质密度大；酸甜适口、果味浓郁，果核小；

"长顺苹果"喜迎丰收

水分充足、含钙量丰富及独具微酸性，深受消费者好评。

荣誉奖项

2017年，获黔南十大农特产品"黔南知名品牌"荣誉；

2019年，获有机产品认证证书；

2022年，获绿色食品A级产品认证证书。

系列产品

"长顺苹果"系列产品

品牌咨询

单位 / 企业名称	品牌工作联系人	联系方式
贵州长顺晶源生态农业发展有限公司	何心志	18285467919
长顺县康红高钙苹果农民专业合作社	陈永昌	13885406491
长顺县馨兴园种养农民专业合作社	何心志	18285467919
贵州吉丰盛农业科技发展有限公司	陶 欣	13885414222
长顺县福禄佳种养殖农民专业合作社	丁福洲	13124662288

荔波枇杷

进入线上商城
了解品牌详情

品牌概况

　　"荔波枇杷"主产区位于贵州省黔南州荔波县玉屏街道、朝阳镇、瑶山乡、小七孔镇等，其核心区位于朝阳镇的八烂村、岜马村。荔波县山清水秀，负氧离子含量高，区内空气清新，水源无工业污染，拥有"中国南方喀斯特"世界自然遗产地和"世界人与生物圈保护区"两张世界级名片，是国家5A级旅游景区、国家级风景名胜区、国家级自然保护区，素有"地球绿宝石""全球最美喀斯特"之美誉。荔波县温热资源丰富，降雨充沛，雨热同季；土壤多为酸性砂壤土，土层深厚，有机质含量丰富，非常适合荔波枇杷的种植。

　　"荔波枇杷"于20世纪80年代开始引种试种，至今已有40多年种植历史，主栽品种为大五星。"荔波枇杷"作为当地精品水果主导产业之一，2022年种植面积2.71万亩、产量1.1万吨、产值1.7亿元，产品畅销湖南、浙江、广东、广西以及贵阳、遵义等地，市场供不应求，产业比较效益突出，"荔波枇杷"产业已成为当地"十三五"时期脱贫攻坚、增收致富和"十四五"时期产业振兴的支柱产业。

　　荔波弘信土枇杷专业合作社为国家农民合作社示范社，其注册的"荔山"牌枇杷商标，为贵州省著名商标。

荔波县枇杷种植基地

核心优势

"荔波枇杷"富含糖类、蛋白质、脂肪、纤维素、果胶、胡萝卜素、鞣质、苹果酸、柠檬酸、钾、磷、铁、钙以及维生素A、B族维生素、维生素C等，胡萝卜素含量十分丰富，其氨基酸含量在水果中高居第三位。"荔波枇杷"性凉，味甘酸，有润肺止咳、止渴和胃等功效，营养价值和药用价值较高。"荔波枇杷"由于产地环境优良，种植管理科学规范，先后获得无公害农产品、绿色食品等认证。

荣誉奖项

2015年，"荔山"牌枇杷被认定为贵州省著名商标；

2015年，荔波弘信土枇杷专业合作社被评为国家农民合作社示范社。

系列产品

"荔波枇杷"系列产品

品牌咨询

单位 / 企业名称	品牌工作联系人	联系方式
荔波弘信土枇杷专业合作社	肖 森	13765755552
荔波县昌盛种养殖农民专业合作社	杨昌精	18285469543
荔波县奇佳种养殖专业合作社	蒙会棋	18375070016
荔波民源种养殖产销专业合作社	覃林桥	15885477132
荔波县民兴农民种养殖专业合作社	覃建怀	15885425418
荔波县翔永绿色农民专业合作社	韦荣安	13885427058

罗甸火龙果

进入线上商城
了解品牌详情

品牌概况

　　"罗甸火龙果"是贵州省罗甸县特产。罗甸县围绕"一县一业"的产业发展思路，根据当地的气候和地理环境，致力于火龙果的产业发展之路，培育出"紫红龙""粉红龙"和"晶红龙"优良品种。截至2021年，"罗甸火龙果"实现产量3.6万吨、产值2.88亿元，主要销往贵阳、遵义、安顺、北京、上海、重庆、湖南、江苏、浙江、陕西等地市场。

核心优势

　　"罗甸火龙果"四季均能生长，每年结果10～12批次，平均单果重330克，果实鳞片红色、基部鳞片反卷；果皮红色，较原品种深，厚度0.25厘米，具有较强的抗旱性；果实营养丰富，风味独特，香甜可口，花青素含量较高，富含一般蔬果中较少有的植物性白蛋白、维生素C。"罗甸火龙果"具有预防便秘、促进眼睛保健、美容养颜等功效。

荣誉奖项

2007年，参加首届中国成都国际农业博览会，一举获得金奖；
2013年，国家质检总局批准对"罗甸火龙果"实施地理标志产品保护。

"罗甸火龙果"系列产品

品牌咨询

单位 / 企业名称	品牌工作联系人	联系方式
罗甸县果业产业化发展中心	韦布辉	18788651860

罗甸脐橙

进入线上商城
了解品牌详情

品牌概况

　　"罗甸脐橙"的产地位于贵州省黔南布依族苗族自治州罗甸县，属于亚热带季风气候，具有春早、夏长、秋迟、冬短的特点。罗甸县无霜期长，全年日照充足，造就了"罗甸脐橙"独特的品质与口感。全县脐橙种植面积3.42万亩，脐橙种植已发展成为农户脱贫致富的特色优势产业。2015年"罗甸脐橙"获得农业部农产品地理标志登记证书，县域内有7家生产企业（合作社）被授权使用"罗甸脐橙"农产品地理标志。

核心优势

　　在罗甸得天独厚的气候环境优势下，"罗甸脐橙"果大美观，呈椭圆形，果皮橙红色伴有光泽，囊瓣肾形，肉质细嫩化渣、酸甜可口；内含可溶性固形物13~16克/100克、还原糖9~12克/100克，维生素C含量28~35克/100克，均高于一般脐橙。"罗甸脐橙"有过硬的生产技术，质量控制技术规范规定了"罗甸脐橙"的地域范围、独特的自然生态环境、特定的生产方式、产品品质特色及质量安全规定、标志使用规定等要求。"罗甸脐橙"先后通过绿色食品、有机农产品认证，品质极高，深受广大消费者青睐和认可。

脐橙种植示范基地

"罗甸脐橙"喜获丰收

荣誉奖项

1995年，罗甸县的纽荷尔和朋娜脐橙荣获贵州省地方名优产品称号；

2015年，获农产品地理标志登记证书。

系列产品

"罗甸脐橙"系列产品

品牌咨询

单位/企业名称	品牌工作联系人	联系方式
罗甸县兴隆源生态农业种植专业合作社	周泽敏	13885441690
罗甸县橙园汇农业科技发展有限公司	张松林	18275099807
罗甸县福康果园场	黄廷福	18084465181
贵州寿乡源生态农业发展有限公司	李一鑫	15185470075
贵州黔南铭福生态农业发展有限公司	周华刚	15285349999

鲁容百香果

进入线上商城
了解品牌详情

品牌概况

　　"鲁容百香果"主产区是贵州省贞丰县鲁容乡，当地得天独厚的自然环境孕育出了品质卓越的果实。"鲁容百香果"果香浓郁，集多种水果风味于一身，色泽鲜亮、汁多味美，深受消费者喜爱。近年来，鲁容乡大力发展百香果产业，规模化种植与绿色管理并重，不仅获得了农产品地理标志认证和绿色食品认证等荣誉，还成为当地农民脱贫增收的支柱产业。"鲁容百香果"以其独特的品牌魅力和卓越的产品质量，在市场中脱颖而出，成为引领健康、美味生活的优选品牌。

核心优势

　　鲁容乡地处北盘江河谷地带，属于亚热带季风气候，夏季高温、酷热多雨，冬季暖和，春温高于秋温。"鲁容百香果"品牌依托独特的地理优势，产出果香浓郁、品质卓越的百香果，其果实饱满、风味独特，融合了多种水果精华，无需调味即鲜美可口。

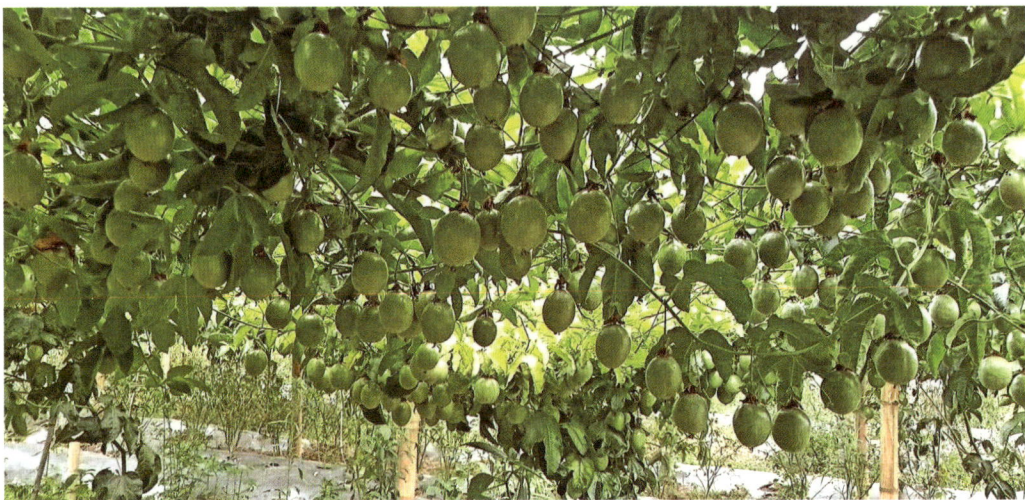

"鲁容百香果"果园

规模化种植与标准化管理确保了产量的稳定和品质的持续优秀。品牌荣获多项权威认证，市场认可度高，成为引领健康生活的优选。"鲁容百香果"以产地为傲、以品质为魂，赢得市场青睐。

荣誉奖项

2021年5月，获中国绿色食品认证证书；
2021年6月，获农产品地理标志登记证书。

系列产品

"鲁容百香果"系列产品

品牌咨询

单位／企业名称	品牌工作联系人	联系方式
贞丰县农业农村局	肖本桔	19385096664
鲁容乡农业服务中心	李云槐	13310038413

册亨糯米蕉

进入线上商城
了解品牌详情

品牌概况

　　糯米蕉在册亨县已有上百年的栽培历史，主要以农户自发种植为主。册亨县糯米蕉种植区位于南北盘江低热河谷地区。当地采取"公司＋合作社＋基地＋农户"的模式，建成糯米蕉农业科技示范园区精米蕉大数据产业园、精米蕉产业带等，建立和完善了利益联结机制。2019年，册亨县糯米蕉种植面积已达8万余亩，涉及巧马、丫他、岩架、双江、百口等乡镇，带动3812户农户种植；建有育苗培育基地2个，占地面积80亩。2021年，册亨县以糯米蕉为主导产业加快产业结构调整，按照"辐射带动、集中连片、规模发展"的思路大力发展糯米蕉产业，全县糯米蕉种植面积扩大到9.35万亩，其中挂果面积7万余亩，预计总产值逾3亿元，覆盖农户9300余户37000余人。

糯米蕉农业科技示范园区

核心优势

　　"册亨糯米蕉"生长于贵州山区，山泉水灌溉，采用传统农耕种植方式，自然管护、原生态、不催熟，出产的糯米蕉具有个大饱满、口感香甜软糯的特点，品质优良、绿色健康。糯米蕉含有丰富的维生素、矿物质以及纤维素，而热量却很低，对于预防高血压、中风，以及降血压、保护血管等都有一定的功效，适当的食用也有减肥的作用。

荣誉奖项

2019年，获农产品地理标志登记证书；
2020年，获中国农产品百强标志性品牌。

系列产品

"册亨糯米蕉"系列产品

品牌咨询

单位/企业名称	品牌工作联系人	联系方式
册亨县兴贵种植养殖农民专业合作社	齐兴贵	13595903977
册亨县贵兴农业科技有限公司	齐兴贵	13595903977
册亨县丰汇山地农业发展投资有限责任公司	石登高	13985988302
贵州华实农业科技开发有限公司	易正帮	13618811999
贵州富亨农业发展有限公司	刘舣希	18508591117

5

蔬菜

黔菜

进入线上商城
了解品牌详情

品牌概况

"黔菜",是用清水煮着也好吃的菜。贵州省通过持续推动"宁要草,不要草甘膦"绿色生产理念,打造中国一流的安全、干净、优质"黔菜"生产基地,让人们吃得更省心、更安心、更舒心。水煮菜心、素瓜豆、烧茄子、烧辣椒等最原始、淳朴的烹饪方法,带给消费者最纯真的清香回甘,使食用者深刻感受到舌尖上的美味。贵州菜心、威宁三白、镇宁生姜、普定韭黄、西秀山药、龙里豌豆尖、赫章香葱、织金南瓜、惠水佛手瓜、长顺茭白和黄平野菜等特色优势单品种植规模持续扩大,在长三角、粤港澳市场深受欢迎,部分产品出口东南亚、中东、欧美等地。贵州蔬菜集团有限公司先后在赫章县、安龙县建立标准化蔬菜产销双引示范香葱和豆苗基地9000亩、菜心基地3000亩,以"新鲜·绿色"为产品标准,致力于打造"黔菜"菜心、香葱、豆苗等品牌,助推蔬菜产业高质量发展。

核心优势

"黔菜"最大的优势就是干净、优质,这也是贵州蔬菜的核心价值、核心竞争力。贵州省地处云贵高原和中亚热带气候的交汇融合区,具有低纬度、高海拔的特点,气候区域差异和垂直差异较大,夏有"天然凉棚"、冬有"天然温室",冬无严寒、夏无酷暑,无霜期长,好山好水好空气,病虫害发生少、易防治,夏秋有温凉气候和适中的光照,具备周年生产干净、优质菜的生态条件,菜心、豌豆尖、芥蓝、白菜、萝卜、菜豆、南瓜、茄子、黄瓜和番茄等清香回甘型蔬菜,以及香葱、大葱、大蒜、韭菜、生姜、辣椒等香辛类蔬菜都是全国一流的。

镇宁小黄姜喜获丰收

荣誉奖项

镇宁小黄姜、安顺山药、龙里豌豆尖等20个蔬菜获得农产品地理标志认证保护。

系列产品

"黔菜"系列产品

品牌咨询

单位／企业名称	品牌工作联系人	联系方式
贵州蔬菜集团有限公司	刘 磊	18586920910

安顺山药

进入线上商城
了解品牌详情

扫码可观看
品牌视频

品牌概况

　　山药在安顺市有着悠久的栽培历史，这里属高原型湿润亚热带季风气候，适合种植山药，出产的山药品质好、产量高。"安顺山药"一般每公顷产量为27～33吨，已成为安顺市具有特色的农产品，种植地分布于西秀区所辖行政区内的17个乡镇（办）。经过多年来的推广发展，目前，安顺市已基本形成规模化种植、标准化生产、商品化处理、品牌化销售、产业化经营栽培技术模式。品牌产品已通过电商、农村淘宝、邮政等方式远销云南、上海、广东等地。

核心优势

　　"安顺山药"优于贵州其他地方所产，以"面""干"为主要特色，体大丰腴、皮薄，去皮后不变色，粉足、洁白、易煮，味道鲜美，入口即化。削皮后的"安顺山药"肉质白色，且久置不会变黄，久煮不散，肉质松软细腻，味微甜，容易做成山药泥、山药粉等。"安顺山药"营养丰富，有效成分含量多，主要含有蛋白质（3.37克/100克）、胆碱（8毫克/100克）、氨基酸（8.68克/100克）、总皂苷（0.011克/100克）、黏液汁、多酚氧化酶、维生素甘露多糖、植酸及尿囊素等多种营养物质，具有滋身补肾、益脑利血、补脾健胃、延缓衰老、降血压、降血糖等功效，是药食兼用的高档蔬菜、保健食品和中药材。

安顺山药

荣誉奖项

2010年，获农产品地理标志登记证书；

2020年，入选第二批中欧地理标志产品名单。

系列产品

"安顺山药"系列产品

品牌咨询

单位 / 企业名称	品牌工作联系人	联系方式
安顺市西秀区农业农村局	安志斌	18798014914
安顺市西秀区蔬菜果树技术推广站	李懿龙	13885328787

白旗韭黄

进入线上商城
了解品牌详情

品牌概况

　　"白旗韭黄"是贵州省普定县特产，由于其生长的地理环境、气候条件特殊，具有粗纤维低、鲜香脆嫩等与众不同的特殊品质，而且种植历史比较久远，品牌文化底蕴比较深厚。普定县白岩镇依托得天独厚的种植业资源优势，一门心思做好蔬菜文章，全镇多村一品经济发展迅速，其中南部片区以白旗村为中心的韭黄生产基地所生产的韭黄占领了贵阳市、安顺市90%以上的市场份额，远销广州、深圳等地，"白旗韭黄"四处飘香。

核心优势

　　"白旗韭黄"株丛直立，颜色呈金黄色，产品长≥40厘米，假茎长≥20厘米，假茎粗≥0.3厘米；叶宽肥厚，生长快，产量高；具有耐寒，耐肥，耐高温、高湿，喜暗

"白旗韭黄"生产基地

无光环境，抗病等优点；拥有粗纤维低、鲜香脆嫩、爽口化渣等与众不同的特殊品质。与一般的韭黄品种相比，"白旗韭黄"分药力强，假茎粗、不易伏倒，跑马根少，不易浮蒀上长，在黑暗情况下生长速度快。

荣誉奖项

2014年，国家质检总局批准对"白旗韭黄"实施地理标志产品保护；

2019年，"白旗韭黄"入选中国农业品牌目录。

系列产品

"白旗韭黄"系列产品

品牌咨询

单位 / 企业名称	品牌工作联系人	联系方式
普定县农业农村局	罗 韦	13086902202

威宁洋芋

进入线上商城
了解品牌详情

扫码可观看
品牌视频

品牌概况

　　威宁彝族回族苗族自治县（简称威宁县）低纬度、高海拔、强日照、大温差的区域气候与马铃薯原产地秘鲁安第斯山区极为相似，是全国百万亩马铃薯种植大县之一，全省第一，素有"中国南方马铃薯之乡"的美誉。为做好"威宁洋芋"品牌化发展，威宁县成立了威宁县马铃薯荞麦产业办公室，具体抓基地建设和市场推广，并明确威宁县农业区划中心负责抓品牌建设。目前，威宁县培育省级龙头企业3家、市级龙头企业6家，年销售马铃薯商品薯100万吨以上。通过多年的发展，威宁县马铃薯品种发展到100多个，马铃薯种植面积达到200万亩，总产量380万吨，马铃薯总产值达68亿元，马铃薯产业已成为威宁人民脱贫致富奔小康的支柱产业。

核心优势

　　"威宁洋芋"品种从过去的麻洋芋、粉果洋芋、乌洋芋等发展到现在的高淀粉型、低淀粉型、鲜食型、加工型等早、中、晚熟100多个品种，尤其是威芋3号、威芋5号、威芋7号、费乌瑞它、宣薯2号等种薯种植面积大、产量高，覆盖率达90%。"威宁洋芋"薯块大、产量高、品质优，具有口感软糯香甜的独特品质，而且干物质含量高，耐运输、耐贮藏，产量和质量在全国均处于一流水平。其中威芋3号、合作88等种薯产量高，稳定性强，淀粉含量达20%以上，是理想的淀粉加工原料和鲜食产品，宣薯

成熟的"威宁洋芋"

2号和中心48号高产抗病，淀粉含量在17.5%～19.6%，非常适合全粉加工及菜饲兼用。

荣誉奖项

2009年，"威宁洋芋"获得国家工商总局地理标志证明商标；

2011年，威宁县被国务院认定为"全国粮食生产先进单位"；

2017年，中国食品工业协会授予威宁县"中国薯城"称号；

2020年，威宁县被认定为第三批中国特色农产品优势区。

系列产品

"威宁洋芋"系列产品

品牌咨询

单位 / 企业名称	品牌工作联系人	联系方式
威宁彝族回族苗族自治县农业区划中心	田正林	18685338466
威宁彝族回族苗族自治县农业区划中心	杜 敏	13678571566

龙里豌豆尖

品牌概况

　　贵州省黔南布依族苗族自治州龙里县——"中国豌豆尖之乡"已有80余年的豌豆尖种植历史。这里海拔千米之上,昼夜温差显著,全年气候温和、雨量充沛、多云雾照、无霜期长,加之丰富的水资源,为豌豆尖的生长提供了绝佳条件。豌豆尖作为龙里县秋冬季主要特色蔬菜产业之一,常年种植2万余亩。多年来的种植发展,促使豌豆尖在规模化、标准化、品牌化上持续进步,搭上快速物流和融媒体发展的直通车,远销北京、广州、香港、澳门等地。

核心优势

　　"龙里豌豆尖"叶大汁多、腋芽肥厚,颜色翠绿鲜亮,口感微甜清香,水分含量较高,纤维物质含量较低,营养价值极高,主要含有维生素C(8.5 ~ 14.5毫克/100克)和铁(62 ~ 70毫克/千克)、钙(155.5 ~ 195.5毫克/千克)、镁(190.5 ~ 260.5毫克/千克)等多种营养元素,粗纤维(1.0 ~ 1.6克/100克)含量较低,质地柔滑,有清肝明目的食疗功效,对维护视神经、改善视力有很好的帮助,对于缺钙、缺铁、缺锌人群来说,也不失为一种营养食材。"龙里豌豆尖"生产周期在每年的10月至翌年

"龙里豌豆尖"田间长势良好

龙里县湾滩河园区豌豆尖种植基地采摘上市

3月，上市期间病虫害几乎不发生，是冬日餐桌上的佳肴，采用沸水汆烫、过油清炒、香拌豆豉或者与鲜肉圆子同煮的方法食用，都口感一绝、令人难忘。

荣誉奖项

2016年，获农产品地理标志登记证书；

2021年，获国家地理标志证明商标；

2024年，入选全国名特优新农产品名录。

系列产品

"龙里豌豆尖"系列产品

品牌咨询

单位 / 企业名称	品牌工作联系人	联系方式
龙里县农业农村局	罗开惠	18932030622
龙里县种植业发展中心	兰 臻	18932032168
龙里圣奇农业科技有限公司	解道娇	15887168707

6

辣椒

遵义朝天椒

进入线上商城
了解品牌详情

扫码可观看
品牌视频

品牌概况

"遵义朝天椒"因生长时竖立朝天而得名。遵义独特的气候条件和环境优势，孕育了丰富的加工型朝天椒品种资源，具有得天独厚的品种资源优势，优质、特异类型居多。由于"遵义朝天椒"具有高蛋白、高纤维的特点，用于加工泡椒、糟辣椒、辣椒面等具有独特的优良品质，在长期的自然和人工选择中，形成了一批品质优良、在国内外享有很高声誉、具有地方特色的名优朝天椒品种。从2019年开始，遵义市开展了以"遵义朝天椒"系列品种为主导的换种工程，到2024年，连续6年累计实施辣椒换种工程146万亩，"遵义朝天椒"占全市辣椒种植面积的80%以上。

核心优势

"遵义朝天椒"有锥形椒、指形椒、团籽椒三大类型，颜色枣红，具有个小、肉厚、油润透光、品味温醇、香辣协调等特点，"入口生津辣正好，沁脾回味满是香"，是辣椒中的"茅台"。其蛋白质、粗纤维、维生素C、干物质、脂肪等含量在同类辣椒中名列前茅，辣红素、辣椒素含量适中，为全国十大名椒之首，是地方名优小吃的主要调味原料，加工适应性好，是我国传统辣椒出口的主要品种，品质优势强，深受广大消费者的青睐，在国内外市场享有盛名。

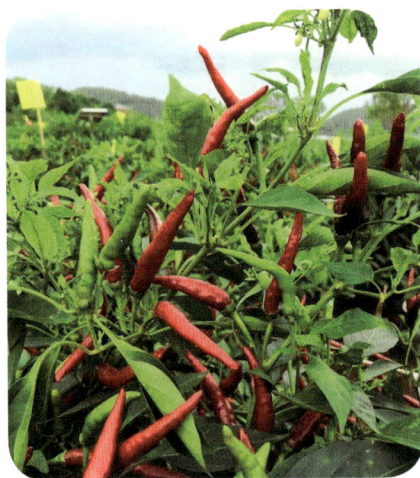

单生朝天椒

2017年，农业部批准对"遵义朝天椒"实施农产品地理标志登记保护；

2020年，被中国蔬菜流通协会评为"全国十大名椒"；

2021年，获得第十八届中国国际农产品交易会"最具影响力品牌"；

2021年，被评选为贵州省十强农产品区域公用品牌；

2022年，入选农业农村部首批农业品牌精品培育计划名单，获第二十三届中国中部（湖南）农业博览会金奖、"最受欢迎农产品奖"。

系列产品

"遵义朝天椒"系列产品

品牌咨询

单位/企业名称	品牌工作联系人	联系方式
遵义市种植业发展服务中心	罗 燕	15285155889

花溪辣椒

进入线上商城
了解品牌详情

品牌概况

　　花溪区辣椒种植历史悠久。素有"高原明珠"美誉的花溪区气候宜人,产出的辣椒肉质肥厚、色泽深红,在贵州省内外享有盛名。花溪区依托花溪辣椒"调味剂"的特征,大力引进辣椒加工企业,采取"公司＋基地＋农户"的模式,逐步扩大规模,增强产业辐射力。2021年,"花溪辣椒"的种植主要集中在花溪区的马铃、燕楼和麦坪等乡镇,种植区域面积达1万余亩,参与辣椒基地建设的农户有5000多户。

核心优势

　　"花溪辣椒"椒身长5厘米到10厘米不等,果实先端尖锐,常弯曲成钩状;干椒

农户们参与辣椒种植基地建设

肉质肥厚，色泽深红、油分重，辣而不烈。"花溪辣椒"有辣味适中、香味有余的特点，根据贵州省农产品质量安全检测中心分析，辣椒素含量为0.078%、水分含量为10.07%、灰分含量为4.2%、脂肪含量为9.2%，维生素A每100克内含量为1.07毫克。加工贵州本地特色美食，诸如肠旺面、豆花面或者炼制红油时多采用"花溪辣椒"，在美食市场上备受好评。

成熟的"花溪辣椒"

荣誉奖项

2012年，获农产品地理标志登记证书。

2023年，入选全国名特优新农产品目录。

系列产品

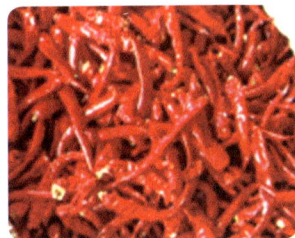

"花溪辣椒"系列产品

品牌咨询

单位/企业名称	品牌工作联系人	联系方式
贵州力合农业科技有限公司	王开猛	13984127823
贵州百味洋农业发展有限公司	何方国	13985450476
贵阳金钰铮风味食品厂	周文德	13809430209

大方皱椒

进入线上商城
了解品牌详情

品牌概况

　　毕节市属北亚热带湿润季风气候，具有冬长夏短、春秋相近的特点，是皱椒生产适宜区域，因此大方县种植辣椒历史悠久，其中皱椒已有400多年的种植历史，良好的生态环境孕育了"大方皱椒"的独特气质。"大方皱椒"又称"贡椒"，属全国七大名椒之一，因外观整齐、光洁鲜红、褶皱均匀、辣味适中、香味浓厚而深受消费者青睐，早在20世纪90年代就成为大方县的一项主导产业，远销马来西亚、新加坡等地。

核心优势

　　"大方皱椒"育于物华天宝间，呈长线形，一级辣椒平均长度21厘米，最长28.3厘米，外观整齐、美观，弯曲程度不大，颜色鲜红。"大方皱椒"具有皱褶均匀的颜值、光洁亮丽的外表、苗条修长的身材，尽显千"椒"百媚姿态，无愧为"椒中之骄"。

荣誉奖项

2013年，"大方皱椒"获批实施农产品地理标志登记保护；

2020年，在第五届贵州·遵义国际辣椒博览会上荣获"全国十大名椒"三等奖。

"大方皱椒"系列产品

品牌咨询

单位 / 企业名称	品牌工作联系人	联系方式
贵州举利现代农业专业合作社	陈 丽	13721597808

湾子辣椒

进入线上商城
了解品牌详情

品牌概况

湾子辣椒是贵州省毕节市金沙县特产，获农产品地理标志保护。湾子辣椒产区以高原山地缓坡地为主，土壤类型主要为火石地（土壤含有大量小红色石，土地整理时不用清除，当地俗称火石地）。据贵州省农产品质量安全监督检验测试中心分析，湾子辣椒营养丰富，入口后辣味适中、香辣味浓，含有丰富的氨基酸和多种有益矿物质元素，其中辣椒素的含量为2500~2800毫克/千克，优于其他产地的辣椒。金沙县木孔乡是1935年4月红军第九军团菜籽坳战斗所在地，当地还流传着当年红军用五个大洋购买100多斤（1斤＝500克）辣椒来御寒的故事。

近年来，当地头部企业贵州隆喜食品有限责任公司将传统工艺与现代生产技术有机结合，原料经三道采摘工艺、三层人工筛选，方可进入加工，不添加人工色素和防腐剂，充分保障产品的天然品味。公司产品主要有满天星糟辣椒系列、节节高泡辣椒系列、湾子油辣椒系列、湾子剁椒系列、干辣椒系列、辣椒面系列六大系列二十多个品种，以其口感独特、香辣突出、百食不厌等特点深受消费者喜爱，其中核心产品以满天星糟辣椒，节节高泡椒、油辣椒、辣椒面为主，拥有自主产品特色，消费者认可度高。

核心优势

贵州省金沙县"湾子辣椒"生长于云贵高原780～1300米气候温润的火石地，主产地位于金沙县木孔镇、茶园镇、源村镇、安底镇、岚头镇、沙土镇等区域，处于东经106°26′00″—106°28′00″、北纬27°25′00″—27°30′00″，种植规模7万多亩。产品富含锌、硒、钾等对人体有益的元素，具有皮

湾子辣椒

薄肉脆、味香可口的特点。

荣誉奖项

2014年，获农产品地理标志登记证书；

2015年，获全国百个农产品品牌及第六届CCTV魅力农产品嘉年华"2015年度全国十大魅力农产品"，并获得"贵州省名牌产品"称号。

系列产品

"湾子辣椒"系列产品

品牌咨询

单位 / 企业名称	品牌工作联系人	联系方式
贵州隆喜食品有限责任公司	游建华	15285784999

7

食用菌

黔菌

进入线上商城
了解品牌详情

扫码可观看
品牌视频

品牌概况

　　"黔菌"是贵州省以"发展"和"生态"两条底线为前提建立的省级食用菌区域公用品牌,主要特色品种有红托竹荪、冬荪、香菇、木耳、羊肚菌、松乳菇(在贵州称紫花菌)、牛肝菌、鸡枞菌等,其中红托竹荪是举世公认的"山珍之王",松乳菇是贵州省重要的特色品种。品牌致力于树立"青山绿水,黔菌味美"的贵州食用菌形象,旨在提升地区产品附加价值,扩大市场占有率和影响力,最终为引领贵州食用菌产业绿色高质量发展、助力乡村振兴做出重要贡献。

核心优势

　　青山绿水,是食用菌生长的天堂。样品检验显示,"黔菌"的氨基酸含量高于一般地区。以贵州优势产区生产的黑木耳为例,其氨基酸含量是全国平均值的1.85倍。自2020年贵州省发布了食用菌省级公用品牌"黔菌"以来,品牌逐步形成以"黔菌"为统领,包括毕节"乌蒙山宝·毕节珍好"、铜仁"梵净山珍·健康养生"、黔西南"万峰林"等区域品牌及"织金竹荪""大方冬荪""黎平茯苓"等地理标志在内的品牌体

仙姑(香菇)园(杨曦春/摄)

系，"贵义龙姬松茸""宏臻黑牛肝菌""雪榕香菇""雪榕海鲜菇"等企业品牌深入人心，涌现出的织金竹荪、安龙香菇、印江木耳等一批地方特色优势产品在全国极具竞争力。贵州特色、优质、健康、安全的食用菌市场认可度逐步提高，品牌影响力和市场竞争力不断提升。

荣誉奖项

2021年、2023年均入选"贵州省十强农产品区域公用品牌"。

系列产品

"黔菌"系列产品

品牌咨询

单位/企业名称	品牌工作联系人	联系方式
贵州省果蔬行业协会	蒋泽高	18285010886

云尚菇

进入线上商城
了解品牌详情

品牌概况

云 | 尚 | 菇
YUN SHANG GU

2021年，白云区大力发展食用菌产业，深入实施品牌强农战略，树立白云区本土农业品牌，在区委、区政府及行业主管部门的支持下，贵阳蓬莱城乡发展有限公司确定了白云区食用菌品牌名为"云尚菇"，并联合国家级龙头企业——贵州中科易农科技集团有限公司成立了项目合资公司，共同研发了"蘑力山珍"礼盒（内含羊肚菌、红托竹荪、灵芝孢子胶囊、鸡枞油）、红托竹荪乳酸菌饮料、羊肚菌鸡汤粉、羊肚菌鸡汤面等多款产品；同时为紧扣白云区"爽爽贵阳、品质白云、畅享云尚生活"品牌文化定位，推出了"云尚秀""云尚集""云尚蜜语"等"云尚"系列品牌，大力培育农产品区域公用品牌、农业企业品牌和农产品品牌，做优做精特色优势农产品，提升农产品标准化、规模化、品牌化水平；加快构筑"云尚菇"农产品品牌体系，提升食用菌特色优势农产品市场影响力和竞争力，促进农业增效、农民增收和农村繁荣，2023年，制定香菇、红托竹荪、体系1~3个，新增授权使用"云尚菇"品牌市场主体5家，"大户"覆盖率达80%以上。

核心优势

"云尚菇"区域公用品牌旗下涵盖香菇、平菇、羊肚菌、红托竹荪、赤松茸、冬荪、茶树菇等品类，并围绕品牌建成香菇软罐头、灵芝保健品、食用菌代餐粉、菌菇面（粉）、红托竹荪乳酸菌等精深加工产品生产线，研发了红托竹荪乳酸菌饮料及"蘑力山珍"礼盒（内含羊肚菌、红托竹荪、灵芝孢子胶囊、鸡枞油）等农旅产品，以绿色健康的品质以及丰富的口感占据市场。

白云区在建设"蓬莱仙界"国家4A级旅游景区品牌的基础上，于2020年被列为全省重点打造的两个菌文旅示范区县之一；并按照稳大宗、建珍稀、拓林下的发展思路，建成1个食用菌产业示范园及21个种植基地，巩固香菇等大宗品种等的种植规模，扩大羊肚菌、红托竹荪珍稀菇种植规模，发展林下仿野生栽培全年种植规模4200万棒以上约2万吨，产值约3亿元。建成菌种研发中心、菌种繁殖中心、菌种保供基地实训基地、野生菌种质资源库，年生产母种5万支，收集菌种菌株涉及39个大类200多个品种。

荣誉奖项

2023年，被收录于贵州农业品牌目录（农产品区域公用品牌）。

系列产品

"云尚菇"系列产品

品牌咨询

单位/企业名称	品牌工作联系人	联系方式
白云区农业产业服务中心	宋洪涛	18153113995
贵阳蓬莱城乡发展有限公司	徐仕莉	17685392317
贵阳蓬莱城乡发展有限公司	黎小华	18166776495

道真食用菌

进入线上商城
了解品牌详情

品牌概况

道真县地处黔渝之交，气候温和、雨量充沛、山高林密，为野生菌菇的生长提供了优越的条件，境内纯天然野生牛肝菌、羊肚菌、鸡枞菌等产量较大，食用菌有历史、有底蕴。2016 年以来，道真立足资源禀赋，发挥比较优

势，精准选择食用菌产业作为"一县一业"，聚力打响"西南菌都·道真菌菇"产业名片，通过贵旺公司"一一三"（打造一个农业现代化工厂、形成一条全产业链发展、实现政府企业群众三方共赢）工厂化生产模式和同辉公司"抓两头带中间"的模式，带动全县15 个乡镇（街道）1万余人从事食用菌产业。食用菌产业已成为道真县农业首位产业，产品销往重庆、四川、新疆、海南等22 个省份。道真县将全面推进食用菌精深加工、菌旅融合，全力培育食用菌品牌和产销体系，真正把食用菌产业打造成为促进群众增收致富的支柱产业、推动乡村振兴的首位产业，奋力实现"西南第一""全国前列"目标。

"道真食用菌"产业蓬勃发展

核心优势

道真县茂密的森林、清澈的溪流、独特的气候和富硒富锶的土壤，造就了"道真食用菌"清醇的香味、爽利的风味、天然的品味，食用菌有品质、有地位。"道真食用菌"主要有杏鲍菇、香菇、鹿茸菇、蛹虫草等品种，"贵旺"杏鲍菇肉质丰厚、回感脆嫩，独具杏仁香味，富含蛋白质、碳水化合物、维生素及钙、镁、铜、铁等矿物质元素；"同辉仡山菇"香菇外观品质优良，菇形圆整，菌盖厚实，肉质细腻、爽滑可口，清香悠长，其多糖、蛋白质、氨基酸和木质素的含量丰富。

荣誉奖项

2020年，获绿色食品A级产品认证证书；

2020年，通过生态原产地产品保护现场评定；

2022年，入选全国名特优新农产品目录。

系列产品

"道真食用菌"系列产品

品牌咨询

单位/企业名称	品牌工作联系人	联系方式
贵州贵旺生物科技有限公司	杨　阳	18185237269
贵州同辉食用菌发展有限公司	罗红梅	15599291463

大方冬荪

进入线上商城
了解品牌详情

品牌概况

　　"大方冬荪"作为大方县特产，种植区域涉及25个乡（镇、街道），主要分布在东北部和西南部，已形成贯通全县的产业带，产量大、产值高。大方县从产业布局、种源保护、种子生产、菌材供应、发展模式、技术标准、企业培育、精深加工、品牌建设、市场销售、招商引资等方面进行精心谋划布局。目前，全县共发展冬荪种植4.65万亩，产量3800余吨，逐步成为群众增收、农业增效的重要产业。

大方冬荪

核心优势

　　得益于得天独厚的自然条件和远离城市的优质环境，"大方冬荪"形成了自己独特的"气质"：个头饱满、外形淳朴、香气馥郁；无裙、无臭味，是一种珍稀食用菌，有重要的药食两用价值。作为药用，可用于治疗风湿痛，同时，还具有抗癌活性；作为

"大方冬荪"生长环境优良

食用，煲汤汤鲜味美，烩制脆嫩爽口、味道鲜美，有着极高的营养价值，可谓山货中之佼佼者。

荣誉奖项

2016年，国家质检总局批准对"大方冬荪"实施地理标志产品保护。

系列产品

"大方冬荪"系列产品

品牌咨询

单位 / 企业名称	品牌工作联系人	联系方式
大方县教育科技局	杨成学	18985355299

织金竹荪

进入线上商城
了解品牌详情

扫码可观看
品牌视频

品牌概况

竹荪是世界上最珍贵的食用菌之一，因其具有优美体姿、清香气味和丰富营养而被誉为"真菌皇后""真菌之花"。而"织金竹荪"是在织金县得天独厚的自然气候环境中培养出的一个优良食用菌品种，其以清香、绿色和营养保健等特性一直深受海内外美食家好评，产品远销沿海各大、中城市以及东南亚等国。织金县是目前国内最大的清香型红托竹荪的生产、加工和销售集散基地，通过二十多年的发展，已拥有强大的生产规模和庞大的技术队伍以及竹荪制种、栽培、加工上的最大技术优势。织金县有数以万计的农户因从事竹荪生产实现脱贫致富，"织金竹荪"已成为县内一项享誉中外的名副其实的具有地方特色的富民产业。

织金竹荪　真菌皇后

核心优势

"织金竹荪"富含多种矿物质元素、维生素、微量元素和19种氨基酸，其品质优势是其他品种和其他产地的竹荪无可比拟的，堪称整个竹荪家族中的佼佼者，自古即为南方官吏朝贡珍品。随着"织金竹荪"知名度的提高，以及人们对"织金竹荪"营

桂果镇竹荪种植基地

竹荪种植大棚

养、滋补、保健作用的认识，"织金竹荪"越来越受到国内外广大销售者的青睐，市场和发展前景十分广阔，现已研发出竹荪面条、竹荪饼、竹荪酥、竹荪脆等产品，口味更加丰富、多样。

荣誉奖项

2010年，国家质检总局批准对"织金竹荪"实施地理标志产品保护；

2016年，获贵州出口食品农产品安全示范区、有机竹荪、生态原产地产品保护等认证；

2020年，"织金竹荪"入选第二批中欧地理标志产品名单；

2021年，获全国名特优新农产品证书。

系列产品

"织金竹荪"系列产品

品牌咨询

单位 / 企业名称	品牌工作联系人	联系方式
织金县果蔬协会	李启华	13035545305

平坝大米

高峰米业

贡皇米

净含量: 1kg×4包

经销商: 安顺市平坝区粮油收储经营有限公司
生产商: 平坝县高峰粮食管理所

8

粮油

兴仁薏仁米

进入线上商城
了解品牌详情

扫码可观看
品牌视频

品牌概况

　　"兴仁薏仁米"主产区是贵州省黔西南州中部的兴仁市。兴仁市得天独厚的地理环境造就了兴仁薏仁米的优良品质和独特的风味口感，享誉中外。兴仁市日照充足，无霜期长，雨热同季，土壤矿物质丰富，土地耕层较厚，非常适合小白壳薏仁米的生产种植。由于销售渠道广，销售体量大，市场经营主体数量多，兴仁市是全国乃至东南亚最大的销售集散市场，被誉为"中国薏仁米之乡""中国道地中药材之乡""中国长寿之乡"。

　　薏仁米产业在兴仁市已发展成为一个农民脱贫致富的山地特色优势产业，近5年来薏仁米种植面积稳定在25万亩左右。2021年，"兴仁薏仁米"获得国家农产品地理标志登记保护证书。

核心优势

　　薏仁米收录于《中国药典》中并为药食同源产品，具有利水渗湿、健脾补肺、清热排毒之功效，含有多种维生素和矿物质，能够起到促进新陈代谢和减少胃肠负担的作用，可作为体弱者的补益食品。数据显示，兴仁小白壳薏仁米富含氨基酸和锌、钙、黄酮等多种人体所需营养元素、维生素、甘油三油酸酯，成为药食同源的优质食材。

荣誉奖项

2012年，兴仁县获"中国薏仁米之乡"荣誉称号；

2013年，国家质检总局批准对"兴仁薏仁米"实施地理标志产品保护；

2015年，被国家工商总局商标局认定为中国驰名商标；

2016年，兴仁县被国家质检总局授予"国家级出口食品农产品质量安全示范区"荣誉称号；

2017年，入选中国特色农产品优势区，被评为中国百强农产品区域公用品牌；

2019年，入选中国农业品牌目录；

2020年，入选第二批中欧地理标志产品名单；

2021年，荣获"中国好粮油"称号，获农产品地理标志登记证书；

2022年，获评贵州省十强农产品区域公用品牌、中国农产品百强标志性品牌，入选农业农村部首批农业品牌精品培育计划名单；

2023年，"贵州兴仁薏仁米栽培系统"入选农业农村部"第七批中国主要农业文化遗产名单"，"兴仁薏仁米"入选农业农村部2023年全国"土特产"推介名录。

系列产品

"兴仁薏仁米"系列产品

品牌咨询

单位/企业名称	品牌工作联系人	联系方式
兴仁市农业农村局	王显贵	13984686001
兴仁市薏仁专业协会	夏召和	18984682866

茅坝米

品牌概况

　　湄潭县地处高纬度、低纬度、多云雾的北纬27°地区，得天独厚的自然环境条件孕育了品质优良的"茅坝米"。"茅坝米"被誉为黔中之宝、米中精品，主要产地分布在湄潭县永兴镇、天城镇、马山镇、复兴镇，涉及37个行政村，种植面积4000公顷，年产量2万吨。全县现有"茅坝米"种植加工企业18家，其中国家级龙头企业1家、省级龙头企业7家、家庭农场36家。

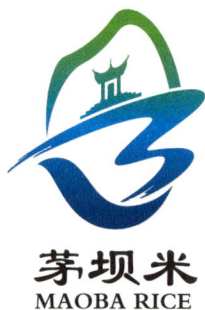

核心优势

　　享誉全国的"茅坝米"，得益于其得天独厚的产地环境、蕴藏深厚的文化底蕴和丰富优良的营养品质。位于湄江上游的核心种粮区四面环山、无工业污染，生态环境优美，山上林间腐殖质随雨水而下，汇集于湄江边的茅坝稻田，形成特殊的油沙地，土地肥沃，富含锌、硒，有机质含量高。出产于此的"茅坝米"色泽光亮、晶莹饱满、如珠似玉，煮食浆汁如乳，米饭油亮黏润、天然清香，入口松软有弹性、回味悠长，冷不回生，为米中精品，深受消费者喜爱。"茅坝米"在清嘉庆年间曾作为贡品进奉朝廷而美名远扬，有"黔中之宝""米中茅台"的美誉。

荣誉奖项

2001年，获中国绿色食品A级认证；

2007年，获"中国好粮油""贵州好粮油"称号；

2018年，湄潭县获"全国优质粮油基地县"称号；

2020年，被认定为国家地理标志保护产品；

2023年，入选全国名特优新农产品目录，湄潭县获"国家农产品质量安全县"称号、入选第二批全国种植业"三品一标"基地。

系列产品

"茅坝米"系列产品

品牌咨询

单位 / 企业名称	品牌工作联系人	联系方式
贵州湄潭茅坝龙脉皇米有限公司	王建明	13984965218
贵州省湄潭县竹香米业有限责任公司	谢明友	13595224178
贵州黔北粮仓米业有限公司	王旭辉	18286227858
贵州省湄潭县茅坝御膳米业有限公司	汪成松	13765920277
湄潭县永兴米业有限公司	周辉辉	18085296677
湄潭县宫廷香米业有限责任公司	杨立来	15585021288

琊川贡米

进入线上商城
了解品牌详情

品牌概况

　　"琊川贡米"所在区域优质稻常年种植规模18.2万亩，总产量9.3万吨左右。经营实体组织生产模式为"龙头企业＋基地＋合作社＋农户"，由企业、合作社流转土地示范种植，带动种粮大户和一般农户按相关标准组织生产，企业与农户签订生产订单，区域内规模以上企业6家，占比50%，区域内具有农业产业化省级重点龙头企业3家、市级重点龙头企业1家。

核心优势

　　"琊川贡米"品牌产区地理优势明显，位于挥塘河河谷，海拔510米，平均年降水量丰富，无霜期长，土地肥沃，有机质含量高，周边无工业无污染，被列入粮食生产功能区和重要农产品生产保护区，大米品质优越。琊川贡米圆润饱满，色泽光亮、洁白透明，自然清香，蒸煮成饭后口感松软柔和、糯而不腻、适口性好，冷饭不回生。该产品蛋白质含量为≥4克/100克，直链淀粉含量为14%～20%，垩白度≤10%，胶稠度≥55毫米，硒含量为0.025～0.1毫克/千克，锌含量为10.28～20毫克/千克，其品牌特性深受消费者喜爱。

　　品牌历史文化悠久。《黎平府志》记载：稻田养鱼在贵州省已有千年历史，凤冈琊川贡米以"宋白贡"和"清黄贡"的名义向朝廷供贡稻谷。2017年12月22日，农业部正式批准对"琊川贡米"实施农产品地理标志登记保护。

荣誉奖项

2017年，获农产品地理标志登记证书、中国绿色食品认证证书、中国有机产品认证证书；

2018年，获"贵州好粮油"荣誉称号；

2021年，获中国大米博览会金奖。

系列产品

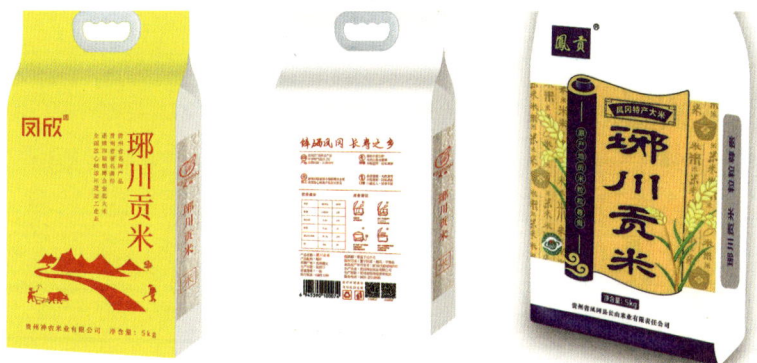

"琊川贡米"系列产品

品牌咨询

单位/企业名称	品牌工作联系人	联系方式
凤冈县种植业发展中心	张万里	13985213766
凤冈县宏发米业有限公司	夏可刚	13984225451
贵州神农米业有限公司	谭仕波	13639225678
贵州省凤冈县长山米业有限责任公司	冉龙廷	15186729887
贵州省凤冈县原农米业有限责任公司	谢永红	13985252598

平坝大米

进入线上商城
了解品牌详情

品牌概况

　　安顺市平坝区地处黔中腹地，素有"黔中粮仓"之称。平坝区常年水稻种植面积11万余亩，平均单产500千克以上，总产量5.5万余吨。平坝区紧紧围绕"稳粮增收、提质增效，藏粮于技，藏粮于地"的总体思路，将"平坝大米"发展为"一县一业"主导产业，形成"企业+优质米基地+合作社+农户"的产业化服务体系。现"平坝大米"旗下已有"苗幺妹""黔坝贡米""黔坝米""四在人家""布依农家妹""昌禾香""昊宇平坝香米""高峰牌贡皇米""十里香""坝上江南""高峰小二郎""平坝小二郎"等品牌，境内10家大米加工企业及合作社被授权使用"平坝大米"农产品地理标志的产品达32个，包装规格均为5千克以下的优质产品，授权产品可使用量为5200吨。

核心优势

　　"平坝大米"种植环境优良，产出品质好，具有米粒饱满、晶莹剔透、营养丰富等特性，口感软柔、回甜、清香，色香味俱全。平坝大米有过硬的生产技术，品牌系列产品均按照水稻无害化操作规程生产，不仅实现了稳定增产，还在逐步推广绿色、有

"平坝大米"水稻种植基地

机认证。"平坝大米"品牌历史悠久，"一家煮饭，四邻飘香"，先后获得绿色、有机认证，深受广大消费者青睐和认可。

荣誉奖项

2018年，获中国绿色食品A级产品认证；

2019年，获农产品地理标志登记证书；

2022年，获中国有机产品认证证书。

系列产品

"平坝大米"系列产品

品牌咨询

单位/企业名称	品牌工作联系人	联系方式
平坝区农业农村局	刘金成	13698513358
贵州昊禹米业农产品开发有限公司	杨 勇	15329031888
贵州省黔坝米业有限公司	肖家清	15985319909
贵州黔和米业农产品开发有限责任公司	黄管伦	18722757888
贵州高峰米业开发经营公司	毛珉梓	15585364777
贵州华章米业有限公司	魏华好	13508532297

威宁荞麦

进入线上商城
了解品牌详情

品牌概况

　　荞麦起源于中国西南地区，是重要的小宗粮豆作物，也是救灾作物和蜜源作物，谚语"五谷杂粮，苦荞为王"，充分体现了苦荞在粮食作物中的地位。药食同源的苦荞全身都是宝，苦荞籽粒可做米、面供食用；苦荞叶富含黄酮，可生产保健茶；多年生金苦荞的根是地道中药材。威宁县盛产荞麦，荞麦分为苦荞和甜荞两类，反映出荞麦本身甘苦统一的特性。甜荞口感好，但营养不及苦荞，故有"甜荞养嘴不养身，苦荞养身不养嘴"的评说。荞麦在威宁县种植历史悠久，唐朝以前威宁县一带就有野生荞麦，农书中关于荞麦最为确切的记载则首见于《四时纂要》和孙思邈《备急千金要方》。唐代荞麦在威宁县已有种植，明清以后荞麦种植面积逐渐扩大，因其独特的自然环境，"威宁荞麦"具有自身特有的品质，拥有较高的知名度。

核心优势

　　威宁县种植荞麦历史悠久，为中国三大苦荞（云南、四川、贵州）种植基地之一。《本草纲目》记载：苦荞麦性味苦、平、寒，有益气、续精神、利耳目之功，有降气宽肠、健胃排毒之效。现代医学表明，苦荞麦具有降血糖、血压、血脂，减肥，增强人

苦荞基地

苦荞

体免疫力的作用。现代分析及研究结果还表明，苦荞麦具有极高的营养价值和药用价值，不仅含有人体健康所需的多种营养成分，而且含有较多的芦丁、苦味素，对轻型糖尿病有特殊疗效，对癌症的治疗和预防也有一定作用。

威宁县特殊的地形、气候与环境，孕育出了自然、生态、无污染的苦荞。荞麦的栽培比较简单，因为它的全生育期极短，可以在收获后补种一季荞麦，既增加复种指数，又便于与其他作物轮作换茬。目前全县均有种植，苦荞种植面积约15万亩，产量约3万吨，生产的产品有荞酥、荞米、苦荞酒、苦荞茶、荞糊、苦荞炒面等十余种。

荣誉奖项

2016年，国家质检总局批准对"威宁荞麦"实施地理标志产品保护；
2018年，"威宁苦荞"获国家知识产权局地理标志证明商标。

系列产品

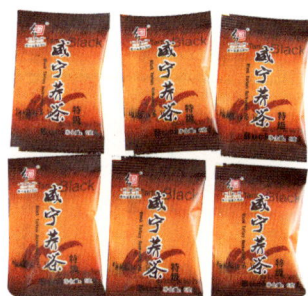

"威宁荞麦"系列产品

品牌咨询

单位/企业名称	品牌工作联系人	联系方式
威宁县东方神谷有限责任公司	胡永平	13885731214
贵州威宁荞源农业有限公司	戴永菊	15186095350
贵州威宁荞老者食品开发有限公司	吕 坤	17584272222
威宁县黔鹤农产品有限责任公司	蔡 琴	13368670842

9

牛羊

贵州黄牛

进入线上商城
了解品牌详情

扫码可观看
品牌视频

品牌概况

贵州省冬无严寒、夏无酷暑，雨热同季，生态环境优越，非常适宜畜禽生长繁殖，而且贵州独具特色的草山资源、生态环境和独特的地形地貌构筑了动物疫病传播的天然屏障，为贵州省生产绿色和有机畜产品提供了绝佳的自然环境。贵州省饲草料资源丰富，拥有天然草地2402万亩，饲用植物资源数量1800余种，年产农作物秸秆及粮油副产物等1100万吨，孕育出关岭黄牛、思南黄牛（巫陵黄牛）、威宁黄牛等5个贵州本地黄牛优良品种，分别被列入《中国畜禽品种志》《中国畜禽遗传资源志》《中国牛品种志》《贵州地方畜禽遗传资源志》。

以"贵州黄牛"的生态、绿色、有机特质和享誉良好的市场口碑，构建了以"贵州黄牛"为标志的金字塔型全国牛肉销售网络体系。全省通过绿色、有机产品认证的"贵州黄牛"企业26家；已认定关岭牛、思南黄牛、桐梓黄牛等5个国家地理标志保护产品；注册"贵州黄牛"产品各类品牌商标80余个。"跑山牛""关岭牛"等区域品牌崭露头角，"贵州黄牛集团""牛老大"等企业品牌逐渐壮大，"牛头牌""牛来香""鳛滋味"等产品品牌知名度不断提升。"贵州黄牛"系列产品已进驻盒马鲜生、大润发等全国100多家生鲜超市并设置专售档口。"贵州黄牛"产业累计带动农户17.4万户，带动人数达64.26万人。

"贵州黄牛"产业助力乡村振兴

核心优势

　　贵州本地的关岭黄牛、思南黄牛（巫陵黄牛）、威宁黄牛等黄牛优良品种，具有山地牛的体态特征和较好的役用和肉用性能，适应复杂的气候条件，具有抗逆性强、耐粗饲、肉质鲜美、口味独特等优点。正因吃的都是山上各种各样的野草或者中药材，喝的是山泉水，贵州地方牛品种均具有体质结实、肢蹄强健、短小精悍、善爬、耐粗饲、耐劳等优良特性。经测定，"贵州黄牛"牛肉的蛋白质含量比较高，氨基酸的组成比较适应人体需要，脂肪含量比较适中，肉质比较细嫩，口感较好，有独特的风味，营养价值较高。

荣誉奖项

1998年至今，旗下"牛头牌"品牌连年荣获贵州省名牌产品称号；

2022年，获"建行杯"第十一届中国创新创业大赛（贵州赛区）决赛第一名。

系列产品

"贵州黄牛"系列产品

品牌咨询

单位/企业名称	品牌工作联系人	联系方式
贵州省牛羊专班	申 李	18786004919
贵州黄牛产业集团有限责任公司	彭曦瑶	15208515956

关岭黄牛

进入线上商城
了解品牌详情

扫码可观看
品牌视频

品牌概况

　　"关岭黄牛"（又称关岭牛），是国家级重点保护的78个地方畜禽品种之一，是全国优良地方品种，贵州四大黄牛之首。关岭自治县以关岭牛现有产业链为基础，坚持走"政府保品种、企业创品牌"的发展路子，组织带动139个农民合作社、养殖场，鼓励、支持和引导致富带头人加入合作社领办关岭牛产业。截至2023年，全县规模养殖场130个，其中年饲养量500头以上养殖场110个，200～300头规模养殖场16个，5头牛以上家庭牧场1526户；省级升级农业产业化重点龙头企业2家；2023年存栏牛15.3万头，出栏牛4.4万头，产量5827余吨。

核心优势

　　"关岭黄牛"具有出肉率高、氨基酸含量高、蛋白质含量高、繁殖率高、屠宰率高、脂肪含量低"五高一低"的优质品质，同时还具有牛肉皮质薄适中、肉质细腻、肉香四溢、大理石花纹明显，牛肉口感香醇、多汁、滋味好的食材优势。以关岭牛肉

关岭黄牛

关岭牛保种场

关岭牛投资公司养殖基地

为原材料制成的牛肉干还被用来为"神舟十三号"宇航员提供能量。

荣誉奖项

2016年，获农产品地理标志登记证书；

2019年，获"贵州省十大优质特色畜产品"荣誉；

2021年，获第106届美国巴拿马太平洋万国博览会品牌金奖。

2023年，"关岭黄牛"获地理标志证明商标，关岭牛被选为全国和美乡村总决赛冠军奖品，网友为其冠名"冠军牛"。

系列产品

"关岭黄牛"系列产品

品牌咨询

单位/企业名称	品牌工作联系人	联系方式
关岭布依族苗族自治县农业农村局	邱荣军	13595377636
关岭自治县关岭牛投资（集团）有限责任公司	牟曜曜	0851-32288333 18085422134

思南黄牛

进入线上商城
了解品牌详情

品牌概况

　　思南黄牛是贵州一个优良的地方黄牛品种，1982年以"巫陵黄牛"命名被载入《中国牛品种志》。20世纪90年代，贵州省引进了西门塔尔牛、安格斯牛、利木赞牛等优良肉牛品种，对思南黄牛进行杂交改良，以期筛选出适合不同环境条件下饲养的肉牛杂交组合，为建立长期有效的思南黄牛杂交改良体系打下基础。现存栏"思南黄牛"6.32万头，年出栏"思南黄牛"2.1万头，牛肉产品精深加工企业4家，年屠宰加工量0.8万头，实现销售额1.6亿元。现有肉牛养殖户2.8万户，从业人员5.2万人，其中10头以上的规模养殖场1200余个。

　　思南县紧紧围绕"三年打基础，五年育品牌，十年磨一剑"的总体思路，将"思南黄牛"发展为"一县一业"主导产业，形成"企业＋思南黄牛养殖基地＋合作社＋农户"的产业化服务体系。现"思南黄牛"加工产品有"土坝王""思交杂牛肉干""金氏牛肉干""可一妈妈黄牛肉干"等品牌，境内肉牛屠宰精深加工企业5家，合作社授权使用"思南黄牛"农产品地理标志企业1家；授权用标的产品4个，包装规格均为0.5千克的优质牛肉干，授权产品可使用量为4200吨。

"思南黄牛"养殖产业稳定发展

核心优势

"思南黄牛"是国家级畜禽遗传资源，四肢较细但肌肉结实，具有耐寒、耐粗饲、矫健灵活、疾病少、繁殖力强、遗传性能稳定、肉质鲜美、细嫩多汁等优良特性，是我国地方牛品种基因库的宝贵资源。烹饪熟食，其肉质柔软而不油腻、口感好、易消化，富含蛋白质、营养价值高，是优质的膳食肉资源。

荣誉奖项

2010年，"思南黄牛"获得国家地理标志证明商标；
2019年，获农产品地理标志登记证书。

系列产品

思南牛肉干

思南传统牛肉干

"思南黄牛"系列产品

品牌咨询

单位 / 企业名称	品牌工作联系人	联系方式
思南县畜牧技术推广站	熊 勇	18275006471
贵州黄牛集团有限责任公司	杨廷韬	18212470817
思南县紫竹林畜牧发展有限公司	孙 飞	13595635693
思南县大坝场肉联厂	蔡明象	15008578466
贵州可一绿色食品有限公司	杨秀芝	15008578466

黄平黄牛

进入线上商城
了解品牌详情

扫码可观看
品牌视频

品牌概况

　　黄平县是全国无公害肉牛生产基地县之一，"黄平黄牛"历史悠久。古时黄平县区域苗族人的古歌中唱道："公才来议榔，婆才来议榔，议水牛和黄牛，来议定狗和猪，来议定鸭和鸡，议水牛黄牛在厩，议猪狗在地上，不准狗上屋顶，半夜不准鸡鸣。"古歌的歌词中侧面体现了当地农闲时对黄牛采用圈养的养殖手法。《黄平县志》中亦有"黄平黄牛"的记载，民国时期黄平县畜禽品种以地方品种为主，没有建立良种繁育体系，农户自繁自育。近二三十年来，"黄平黄牛"知名度、影响力不断扩大，黄平县以"国家地理标志"为名片，充分发挥当地良好的自然资源优势，着力打造黄平肉牛特色品牌，加大牛产业链效应，做大做强肉牛养殖规模。早在2006年，黄平县就获得了"全国无公害牛生产基地县"称号。目前，黄平境内每天都有大量的"黄平黄牛"以物流的方式发往贵阳、遵义、安顺和重庆等地。截至2023年，全县有10头以上养牛场223个，肉牛存栏4.87万头，肉牛出栏2.04万头。

核心优势

　　黄平县域内空气清新，水土无污染，生态环境优越，这为当地发展无公害绿色和有机黄牛产品提供了绝佳的自然环境，造就了"黄平黄牛"皮薄骨细、肉质鲜嫩、高蛋白、低脂肪、易消化、易吸收的特点，脂肪颗粒明显，肉汤清澈透明，味美醇香，具有明显的地方特色。以"黄平黄牛"为原料制作的"牛老大"牌牛肉干具有醇香甜咸、软硬适度、色泽鲜润、入

黄平黄牛

口化渣、回味悠长等独特风味。

荣誉奖项

2020年，获农产品地理标志登记证书。

品牌咨询

单位 / 企业名称	品牌工作联系人	联系方式
黄平县畜牧技术推广服务中心	刘吉祥	13985296598
贵州省黄平金牛农牧发展有限公司	袁开飞	18285526999
贵州黄平农博翔有限责任公司	张　靖	13508558788

黔北麻羊

进入线上商城
了解品牌详情

扫码可观看
品牌视频

品牌概况

　　"黔北麻羊"俗称麻羊，因其主要分布在贵州北部的仁怀、习水等县而得名，是贵州省三大优良地方山羊品种之一。据《贵州省畜禽地方品种志》记载："黔北麻羊"产区历史悠久，发祥较早。当地围绕"黔北麻羊"品牌已申请了相关专利6个，获得丰收奖2项，获得农业农村部"肉羊产品全国农业标准化示范县"称号，建有农业农村部肉羊标准化示范场1个、贵州省动物疫病净化创建场1个、山羊高效安全养殖技术应用与示范基地1个，黔北麻羊国家级羊核心育种场1个。现羊存栏35万只，年出栏约25万只，存、出栏量位于全省前列。

核心优势

　　习水县林地面积177万公顷，森林覆盖率57.6%，天然草山草坡、灌丛、疏林草地等132万亩，秸秆、酒糟、曲药草及农作物副产品50余万吨，冬季闲田闲土种草12万亩，有机认证地块40万亩，土壤肥沃，可利用灌木乔木丰富，养殖山羊可达100万只以上，具备大力发展山羊的优势条件。

　　"黔北麻羊"对本地生态条件表现出良好的适应性，具有适应性强、遗传性能稳定、抗病力强等特点，成年羊体格较大，体质结实，结构紧凑，骨骼粗壮，肌肉发育丰满。烹饪熟食，其肉质鲜美、膻味

习水养殖户放养"黔北麻羊"

轻；羊板皮质地致密、伤残少、油性足、富有弹性；口感好，氨基酸含量丰富，营养价值高。

荣誉奖项

2013年，获农产品地理标志登记证书；

2017年，被列为国家地理标志保护产品。

系列产品

"黔北麻羊"系列产品

品牌咨询

单位 / 企业名称	品牌工作联系人	联系方式
遵义市畜牧渔业站	刘廷江	15186717301
习水县黔北麻羊产业协会	吴大江	13639218089
习水县黔道食品科技有限公司	杨 泽	13915350033
贵州容成农牧发展有限公司	袁小容	18788629177

沿河白山羊

进入线上商城
了解品牌详情

扫码可观看
品牌视频

品牌概况

沿河土家族自治县位于乌江中下游，适宜养殖山羊，享有"中国白山羊之乡""国家工商总局地理标志证明商标""农业农村部农产品地理标志"等美誉。20世纪70年代，沿河自治县被列为全省山羊生产基地县，是"贵州白山羊"中心产区。2007年，沿河自治县被确定为全省20个草地生态畜牧业科技扶贫项目县之一；2009年，沿河自治县被列入贵州省13个种草养羊科技扶贫项目重中之重示范县。沿河自治县依托生态资源优势，以"龙头企业＋合作社＋农户"模式发展白山羊产业。2022年，全县"沿河白山羊"存栏20.85万只、出栏21.96万只，培育白山羊养殖经营主体180多户，白山羊产业已发展成为全县农民脱贫致富的特色产业之一。

核心优势

"沿河白山羊"性成熟早，繁殖能力强，产肉性能良好，耐粗饲，抗病力强，适应范围广，遗传性能稳定，适宜山区、丘陵、河谷地带放牧饲养，并以其肉质鲜嫩、板皮柔韧良好著称，深受客商和消费者喜爱，在省内外市场享有盛誉。"沿河白山羊"四蹄坚实，肌腱

沿河自治县积极发展白山羊养殖产业

有力，结构匀称，姿势端正，肉色红润、有光泽，肉质鲜嫩、富有弹性，膻味轻，汤味鲜美，皮糯而香；板皮平整、厚薄均匀、柔韧，质地良好，富有弹性，且富含赖氨酸和谷氨酸。经农业农村部肉及肉制品质量监督检验测试中心（江西南昌）测定，每100克肉品中含氨基酸总量（17种氨基酸）20.14克，其中赖氨酸1.92克、谷氨酸占3.21克，蛋白质含量20.0%，脂肪含量1.15%；胆固醇含量34.2毫克/100毫克，钙含量67.4毫克/千克，磷含量0.48克/千克，铁含量21.7毫克/千克，硒含量0.06毫克/千克。因其具有独特肉质和营养，"沿河白山羊"是全县人民的主要肉食品之一，也是优质的膳食肉资源。

荣誉奖项

2006年，获评贵州省"多彩贵州旅游指定商品"；

2007年，获铜仁地区名创优秀产品奖，产品通过国家质检总局QS质量体系认证，获第三届贵州省农产品展销会"名特优产品"称号；

2013年，获国家工商总局地理标志证明商标；

2017年，获农产品地理标志登记证书。

系列产品

"沿河白山羊"系列产品

品牌咨询

单位 / 企业名称	品牌工作联系人	联系方式
沿河土家族自治县农业农村局	晏 波	15902566240

10

生猪

盘县火腿

进入线上商城
了解品牌详情　　扫码可观看
品牌视频　　盘县火腿企业
联系二维码　　盘县火腿产品
追溯查询码

品牌概况

　　"盘县火腿"历史悠久。据《华阳国志》记载，"夷人牧豕（盘县古称夷，豕即猪），冬藏夏食"，这是最早的与盘县火腿有关的记载；元朝时的《普安厅志》（当时盘县叫普安厅）描述了盘州市老百姓每年冬至到立春期间制作火腿的过程；清初《盘县县志》记载，"黔境平乱，普安厅火腿走俏云南"；道光《贵阳府志·风物》记载"贵阳以西数百里，普安州盛产火腿"，说明盘县火腿品牌已初步形成。2012年9月18日，国家质检总局批准"盘县火腿"为地理标志保护产品，标志着"盘县火腿"由小作坊生产向规模化标准化生产转变，品牌知名度由贵州走向全国。2021年3月1日，《中华人民共和国政府与欧洲联盟地理标志保护与合作协定》正式生效，标志着"盘县火腿"由数量型向质量型迈进，品牌知名度由中国走向世界。如今，"盘县火腿"已经建立由腿源猪到加工的标准化生产技术体系1套，设立省级火腿检测检验中心1家，腿源猪养殖场22家，火腿规模化加工企业16家、作坊23家，年生产能力达到1.15万吨，形成了整条火腿、分割火腿、火腿休闲食品的系列产品，构建了区域公用品牌与企业品牌共同发展的品牌体系，展现出"盘县火腿"后发赶超、生机勃勃的高质量发展场面。

"盘县火腿"产业焕发出勃勃生机

"盘县火腿"味美营养

核心优势

　　盘州市地处滇、黔、桂三省接合部，位于云贵高原过渡带，独具一格的地形地貌特点，形成了火腿自然发酵最适宜的温度、湿度等气候条件，赋予"盘县火腿"无与伦比的形似琵琶、质地柔软、肉质细嫩、鲜咸适口、味香浓郁的品质特点，不仅保持了传统火腿的风味特点，而且满足了现代饮食文化需要，是典型的发酵食品。

荣誉奖项

2012年，国家质检总局批准"盘县火腿"为地理标志保护产品；

2015年，入选《中国地理标志产品大典》；

2020年，《"盘县火腿"标准化生产技术集成与推广》荣获贵州省农业丰收奖二等奖；

2021年，被纳入中欧地理标志协定互认产品清单。

系列产品

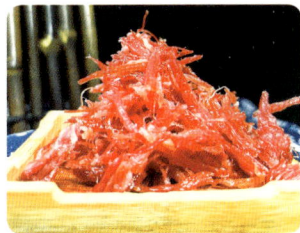

"盘县火腿"系列产品

品牌咨询

单位／企业名称	品牌工作联系人	联系方式
盘州市畜牧兽医学会	李仲佰	13595883933
贵州合顺食品有限公司	周娇娇	18702462929
贵州磐福食品有限公司	黄金艳	15812025791
盘州市恒泰火腿加工厂	张 英	13885874937
六盘水红果康盛火腿加工厂	吴重友	16685506069
盘州市旺火炉生态猪肉制品开发有限公司	王 燕	18984413413
贵州双吧佳食品有限公司	张 敏	13885884859

威宁火腿

进入线上商城
了解品牌详情

品牌概况

"威宁火腿"生产历史已有600年以上，是以当地农户饲养的生猪后腿为原料，采用特殊加工方式制作而成，具有以下特定品质：形如琵琶，肉色棕红，色泽鲜艳，香味浓郁，骨小皮薄，肉质细嫩，久贮不坏，可以生吃。"威宁火腿"年产量约100万只1.5万吨，产值约7.5亿元。

威寧火腿

核心优势

制作"威宁火腿"的原料是威宁县当地特有的，属于山地放牧、适于腌制火腿与腊肉的高原瘦肉型良种"乌金猪"。威宁县生猪养殖几乎是以农户散养为主，长期喂食以玉米、马铃薯、荞麦、白萝卜等为主的青饲料，猪肉品质很好。加上威宁县当地农民又有赶山放牧的习俗，猪牛羊同群为伍、运动量大，使猪腿肌肉非常发达，肉质结实饱满、肥瘦肉相间。尤其后腿是整个猪身上最精华的部分，瘦肉丰满、肉嫩味鲜，是腌制火腿的最佳原料。

荣誉奖项

2019年，成功申请"威宁火腿"国家地理标志证明商标。

系列产品

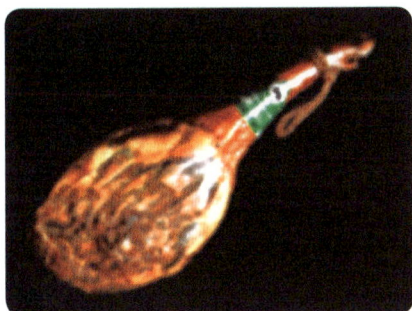

"威宁火腿"系列产品

品牌咨询

单位 / 企业名称	品牌工作联系人	联系方式
威宁太给农业科技有限公司	曹臻一	15001147601
威宁县福运珠火腿食品有限公司	舒丽琴	18785754901
贵州徐福绍芬火腿食品有限公司	徐　坤	18388171819
贵州威城山礼食品有限责任公司	李昊南	15559961111

剑河白香猪

进入线上商城
了解品牌详情

品牌概况

　　"剑河白香猪"在黔东南州剑河县有着源远流长的养殖历史，是剑河县的特有产业，因其两头乌黑的外形，有着"猪中大熊猫"的称号。"剑河白香猪"主要集中在该县南加、南寨、磻溪、敏洞、观么等乡镇，主食为野生植物，其以猪肉香味、嫩度特别，纯天然、无污染而引起社会高度关注，形成了包括1200亩贵州香猪丛林放养基地（模拟野生环境的放养）、6000多订单农户养殖、1个专业合作社（剑河县剑白香猪专业合作），实现年加工60万头贵州香猪的产业设计。"剑河白香猪"已成为振兴县域经济和农民致富的一大支柱产业，成为全县农业产业化结构调整、优化和推进农业产业化经营的重头戏。

核心优势

　　"剑河白香猪"具有皮薄肉嫩、肉色鲜红、肉香扑鼻、不腥不膻的特质，采用清煮、煎、烧等各种吃法都好吃。清煮，则肉质白嫩，肥而不腻，原汁原味，鲜嫩可口；炒之，则色泽橙黄晶亮，清香扑鼻，尝则细腻润喉、余香在唇，符合现代人对美食的追求。而且其富含蛋白质、肌内脂肪、脂肪酸、17种氨基酸等对人体

剑河白香猪

有益物质，种类齐全。"剑河白香猪"所含的谷氨酸达21.8%，高于普通猪含量的31.1%～70%；脂肪含量低，仅有普通猪含量的18.86%～28.10%；热量是普通猪含量的60.85%～76.1%，是加工肉类食品的上佳原料。

荣誉奖项

2013—2014年，被列入《全国地域特色农产品普查备案名录》；

2020年，被载入《贵州省地方畜禽品种志》；

2020年，获农产品地理标志登记证书。

系列产品

"剑河白香猪"系列产品

品牌咨询

单位/企业名称	品牌工作联系人	联系方式
剑河县农业农村局	潘海妹	15761680239
剑河县畜牧渔业管理办公室	彭云森	13985280230

11

家禽

羽出黔山

品牌概况

　　"羽出黔山"是贵州省坚持以高质量发展统揽全局，深入实施"贵州绿色农产品、吃出健康好味道"整体品牌建设工程，按照"一年打基础、三年见成效、五年大发展"的高位规划，精心打造的贵州生态家禽省级区域公用品牌。该品牌商标主色采用绿色，整体由三片羽毛的鸡鸭鹅剪影构成，外形似鸡蛋，并在图形中置入贵州黄果树瀑布与梵净山蘑菇石，直观表现"鸡鸭鹅蛋"贵州生态禽产品，突出贵州青山绿水的养殖环境优势，代表绿色、生态、有机的产品品质。

　　近年来，在"羽出黔山"的引领下，贵州省家禽品牌蓬勃发展，注册"晓屯八八二""五谷蛋"等各类家禽产品品牌商标150余个，赤水乌骨鸡、长顺绿壳鸡蛋、平坝灰鹅等14个家禽产品获国家地理标志保护产品认定；黔东南小香鸡、七星关鸡蛋、三穗鸭等6个区域品牌入选2023年贵州农产品区域公用品牌目录，其中黔东南小香鸡入选贵州十强农产品区域公用品牌；三穗鸭被纳入农业农村部2023年农业品牌精品培育计划名单，但家香酥鸭、娄山黄焖鸡入选中华老字号。通过"羽出黔山"品牌建设战略的实施，农民进入市场的组织化程度和农业综合效益得到有效提高，同时提升了产品附加值、促进了农村经济的发展。2017年以来，贵州生态家禽产业累计带动100余万人口脱贫增收，为巩固拓展脱贫攻坚成果、助推乡村振兴做出重大贡献。

| 小香鸡 | 三穗鸭 | 灰鹅 |

核心优势

一是品种资源多。贵州省拥有丰富的自然资源及良好的生态环境，孕育出品目众多的地方家禽品种，已进入《国家畜禽遗传资源品种目录》的就有11个，还有乌蒙凤鸡、普安乌鸡、天柱番鸭等品种资源正在逐渐被开发利用。二是产品销售稳。贵州鸡蛋品相好、品质好、口感好，深受粤港澳等地消费者青睐，从2017年开始实现自给有余、省外调出，至2023年省外调出量占总产量的40%，是"贵品出山"中具有代表性的产品之一。三是消费基础牢。贵州省素有"无鸡不成宴"的消费习惯，在贵州省商务厅编撰的《黔菜大观》500多个菜品中，与家禽有关的菜品多达57个，贵州辣子鸡、盗汗鸡、宫保鸡、骗鸡点豆腐、苔茶神汤5道家禽菜入选"贵州省十大名菜"。

荣誉奖项

2021年，获国家知识产权局授权"羽出黔山"文字证明商标1个、图形商标11个。
2023年，出版图书《"羽出黔山"——贵州生态禽公用品牌文化建设》。

系列产品

"羽出黔山"系列产品

品牌咨询

单位 / 企业名称	品牌工作联系人	联系方式
贵州省种畜禽种质测定中心	李　俊	15285116484
贵州省禽业协会	张　进	18985402190
贵州凤和祥农业发展有限公司	陈　勇	18985082288
贵州奇垦农业开发有限公司	刘学强	15825997059
贵州省胡智超农业发展有限公司	胡智超	13639084448

黔东南小香鸡

进入线上商城
了解品牌详情

扫码可观看
品牌视频

品牌概况

"黔东南小香鸡"是贵州省黔东南州榕江县地方优良特色品种，主要产自从江县、榕江县、黎平县一带。榕江县是"黔东南小香鸡"的原产地和核心产区，也是农业农村部确定的"黔东南小香鸡"保种区域和原种繁育基地。贵州省榕江山农发展有限责任公司是集小香鸡保种、养殖、加工、销售为一体的全产业链运营公司，是"黔东南小香鸡"唯一的种质资源保护和开发利用单位。2021年，该公司充分依托贵州的生态优势与独一无二的小香鸡种禽资源，原种群规模不断扩大，常备原种群在1.5万套以上，建设了小香鸡唯一的原种场，年可扩繁小香鸡400万羽，彻底解决了小香鸡种禽资源安全问题，为产业化开发奠定了基础。

核心优势

"黔东南小香鸡"是黔东南地区的独有鸡种，体型娇小，体态和毛色美观，肉质细嫩、营养丰富，肉香味美。其抗病强、抗粗饲、野性强，氨基酸含量丰富，是全国108个地方鸡种中唯一以"香"命名的品种，所含蛋白质属完全蛋白，易被人体消

黔东南小香鸡原种扩繁场

果园养殖的黔东南小香鸡

化、吸收。小香鸡所含氨基酸中，含量最高的是谷氨酸，占氨基酸含量的11.4%，高达33.1毫克/克，是纯天然的"味精"，独有"个头长不大，林上飞林下，天然有体香，放盐就煮汤"的卖点，是优质生态的贵州农产品。

荣誉奖项

2017年，被评为"贵州省十大优质特色新产品"；

2019年，获农产品地理标志登记证书；

2020年，获"黔系列"品牌产品证书、国家地理标志证明商标；

2021年，入选"贵州十强农产品区域公用品牌"；

2022年，获首届贵州农业龙头企业品牌展示推介大会"龙头企业·龙头品牌"、第二十三届中国中部（湖南）农业博览会"最受欢迎农产品奖"。

系列产品

"黔东南小香鸡"系列产品

品牌咨询

单位/企业名称	品牌工作联系人	联系方式
黔东南州苗族侗族自治州畜牧技术推广站	陈　敏	15085288666
贵州省榕江山农发展有限责任公司	安东华	13885642718

三穗鸭

进入线上商城
了解品牌详情

扫码可观看
品牌视频

品牌概况

　　三穗县气候温和、雨量充沛、阳光充足，发展种植养殖产业具有得天独厚的有利气候条件。2023年，全县鸭出栏726.3万羽，鸭蛋产量13800吨，蛋制品加工1.5亿枚，屠宰加工鸭480万羽，实现三穗鸭产业综合产值12亿元。目前，全县有涉鸭企业42家（其中国家级重点龙头企业1家、省级龙头企业2家、州级龙头企业11家），有散养户2万余户，有鸭肉（蛋）加工企业8家。已开发三穗黄焖鸭、血浆鸭、老鸭汤、卤鸭、酱鸭和绿壳鲜鸭蛋、皮蛋、咸蛋等20多个鸭肉鸭蛋产品，获得专利53件、贵州省著名商标2件、贵州省名牌产品3个、有机认证7个。

核心优势

　　"三穗鸭"是我国地方优良畜禽品种之一，与北京鸭、绍兴鸭、高邮麻鸭同被誉为中国地方四大名鸭。"三穗鸭"以放牧饲养为主，通过采食牧草，稻田里的水生物，农家自产的玉米、稻谷等杂粮生长，形成了独特的生态"三穗鸭"及生态鸭蛋。"三穗

放养的贵州"三穗鸭"

水面上展翅的"三穗鸭"

三穗鸭产业示范园区

鸭"肉质细嫩、味美鲜香，胆固醇含量低，富含人体所需的10余种氨基酸，主要产品有血浆鸭、酱鸭、卤鸭、黄焖鸭、老鸭汤等。

荣誉奖项

1928年，被编入《中国家禽品种志》；

1993年，被收入《贵州省畜禽品种志》；

2003年，被收入《中国家禽地方品种资源图谱》；

2012年，被国家质检总局审批为地理标志产品；

2013年，获国家商标局批准注册"三穗鸭"为地理标志证明商标；

2023年，入选农业农村部农业品牌精品培育计划名单。

系列产品

"三穗鸭"系列产品

品牌咨询

单位/企业名称	品牌工作联系人	联系方式
三穗县鸭业协会	蒲德坤	13985291888

赤水乌骨鸡

进入线上商城
了解品牌详情

品牌概况

　　"赤水乌骨鸡"有历史记载已有260多年的养殖历史，是经长期选育而形成的贵州省地方优良鸡种，采取"林地生态放养＋原粮补饲"的方式进行养殖，实现了种植与养殖相互促进和投资少、见效快、效益高的目的，同时提高了乌骨鸡的生长速度，保持了乌骨鸡肉质细腻、营养价值高、风味独特等特点，确保生产的产品绿色、健康、纯天然。

　　现已建成种鸡场2个，存栏种鸡10万套，年可供鸡苗能力1200万羽，已培育出"赤水乌骨鸡"黑羽、绿壳蛋、白羽3个品系；建成规模养殖场120个，面积27万平方米，2020年出栏生态家禽970.65万羽；主要采取"龙头企业＋基地＋农户"经营方式，由养殖业主与龙头企业签订代养合同，以"五统一"模式养殖，带动全市3万余户从事"赤水乌骨鸡"养殖，人均增加收入1280元。

核心优势

　　"赤水乌骨鸡"又名竹乡乌骨鸡，是当地孕育出的优良品种，具有喙、冠、肉垂、耳叶、胫、爪、皮、骨、内脏和腹膜"十乌"的特征，被奉为乌鸡上品。据贵州科学院测定："赤水乌骨鸡"中含有18种氨基酸，为普通鸡的1.7倍以上，富含人体必需

生态养殖的"赤水乌骨鸡"

的镁、锌、铁、锰等多种营养元素，具有很高的营养价值和滋补药用价值。"赤水乌骨鸡"先后多次在中央电视台等媒体进行推广宣传，多次参加广州、上海及北京等地产品展销会及博览会，因其独特的品质深受消费者喜爱。

荣誉奖项

2010年，获农产品地理标志登记证书；

2011年，获评"消费者最喜爱的100个中国农产品区域公用品牌"；

2015年，获评"贵州生态农业100张优强品牌名片"；

2017年，获"中国长寿之乡养生名优产品""贵州十大优质禽产品"等称号；

2019年，"赤水乌骨鸡"及"赤水乌骨鸡"绿壳蛋通过中国有机产品认证。

系列产品

"赤水乌骨鸡"系列产品

品牌咨询

单位 / 企业名称	品牌工作联系人	联系方式
赤水市畜牧渔业发展中心	黄锡阳	18985648489
贵州奇垦农业开发有限公司	刘学强	15825997059

滚山鸡

进入线上商城
了解品牌详情

品牌概况

"滚山鸡"品牌源自纳雍非物质文化遗产苗族芦笙舞"滚山珠",相传苗族先民在迁徙过程中,路途坎坷,荆棘遍布,苗族青年便用自己的身躯滚出一条道路,使苗族得以安家。后人们为纪念这些青年,以身形模仿箐鸡(纳雍当地土鸡)在山林间的动作,从而形成"滚山珠"芦笙舞。贵州纳雍源生牧业股份有限公司以此为契机,着力打造了地域性品牌"滚山鸡",内含两个品种,即乌蒙乌骨鸡和威宁鸡。

核心优势

纳雍县是典型的喀斯特岩溶山区,海拔相对较高,垂直气候变化明显,山上山下冷暖不同,高原盆地寒热各异,空气质量优良,水土清洁干净,特殊的地质环境和优良的生态植被造就了物种的多样性。当地群众千百年来在放牧养殖中经自然和人工选择形成了乌蒙乌骨鸡和威宁鸡两个优质地方鸡种。它们具有抗寒、耐粗饲、肉质鲜美、营养丰富、蛋大壳厚、蛋黄品质良好、适宜放养等特点,被分别收录于《中国畜禽遗传资源名录》和《中国畜禽遗传资源志·家禽志》,具有独特的高原生态放养模式:吃五谷杂粮、尝百草、饮甘露、寻觅林间昆虫,循天道而自然生长,是地道山中珍品,享誉国内。

"滚山鸡"养殖场

生态放养"滚山鸡"

荣誉奖项

2018年，被评为贵州省农产品供应链协会会员单位；

2020年，贵州纳雍源生牧业股份有限公司被认定为粤港澳大湾区"菜篮子"生产基地。

系列产品

"滚山鸡"系列产品

品牌咨询

单位 / 企业名称	品牌工作联系人	联系方式
贵州纳雍源生牧业股份有限公司	岳 健	13518576909

七星关鸡蛋

进入线上商城
了解品牌详情

品牌概况

"七星关鸡蛋"主产区地处川、滇、黔、渝四省份交汇区域及西南地区重要的物资集散地的七星关区。截至2023年4月，全区蛋鸡存栏377.5万羽（其中规模养殖场蛋鸡存栏达339.8万羽，蛋鸡规模化养殖率达90.01%），育成青年蛋鸡144.639万羽，禽蛋产量1.3558万吨，禽蛋产值1.4988亿元。全区设计存栏5万羽以上的蛋鸡规模养殖场12个。

蛋鸡规模养殖场

核心优势

七星关区地处乌蒙腹地，境内地势西高东低，平均海拔1511米，气候温和，雨量充沛，属亚热带湿润季风气候，年均气温14.2℃，冬无严寒，夏无酷暑。森林覆盖率达51.73%，生物资源丰富，大气质量达到国家二级标准，是"中国避暑名城""中国最佳绿色宜居城市""贵州长寿之乡"。得天独厚的地理环境和气候条件使得七星关区具备发展蛋鸡产业的先天条件，七星关区蛋鸡养殖品种主要有海兰灰、罗曼粉。海兰灰、罗曼粉等蛋鸡品种产蛋率高，产蛋高峰期产蛋率能达到97%左右，年平均产蛋率在93%左右，产蛋性能稳定，产蛋高峰维持时间长，大约能维持310天。鸡蛋品质优良，蛋壳表面光泽，蛋黄颜色鲜艳纯正，蛋清浓稠，含水量少，口感鲜美。

系列产品

"七星关鸡蛋"系列产品

品牌咨询

单位 / 企业名称	品牌工作联系人	联系方式
毕节市七星关区畜牧业发展服务中心	黎志勇	13885788044
七星关区茂源家禽养殖有限公司	张永建	13985888866
毕节盛园蛋业有限公司	张永建	13985888866
七星关区撒拉溪亚林养鸡场	徐亚林	13908578788
七星关区鑫富康食品有限公司	翟润先	13885767840
贵州圣迪乐村生态食品有限公司	刘　岗	13890462188

长顺绿壳鸡蛋

进入线上商城
了解品牌详情

扫码可观看
品牌视频

品牌概况

　　长顺县得天独厚的地理环境造就了"长顺绿壳鸡蛋"的优良品质和独特的风味口感。"长顺绿壳鸡蛋"平均蛋重51.76克，呈椭圆形，蛋壳墨绿色、厚而致密，蛋黄橙黄、晶莹剔透。经权威部门营养品质测定分析，"长顺绿壳鸡蛋"富含卵磷脂、脑磷脂及多种维生素、微量元素、蛋白质，具有"四高两低"的特点（即高蛋白，比普通鸡蛋高0.7个百分点；高氨基酸，比普通鸡蛋高18％左右；高卵磷脂，是普通鸡蛋的3～5倍；高微量元素，锌、硒、碘含量是普通鸡蛋的5～10倍；低脂肪，比普通鸡蛋低5个百分点；低胆固醇，只有普通鸡蛋的30％），是上等滋补佳品，具有滋阴补肾、生血补气、强身健脑之功效，且风味极佳，被誉为"鸡蛋中的人参"。

核心优势

　　"长顺绿壳鸡蛋"主产区是贵州省黔南州长顺县，由县农业农村局负责监管，对源头、源中、源尾的质量进行严格把关，已发展为一个促进农民发家致富的优势特色产

长顺绿壳鸡蛋

业。目前，全县绿壳蛋鸡存栏200万羽，日产蛋量达20万枚（9吨以上），已带动农户1万余户，户均年增收达2万元以上，效果显著，2009年成为贵州省第一个进入国家级畜禽遗传资源保护的地方家禽品种之一。2014年"长顺绿壳鸡蛋"被农业部和国家质检总局批准为国家地理标志保护产品，2017年长顺县被授予"中国绿壳蛋鸡之乡"美誉。

荣誉奖项

2009年，被列入《国家畜禽遗传资源品种名录》；

2012年，获中国有机产品认证证书；

2014年，被作为贵州省第一个进入国家级（159个品种）畜禽遗传资源保护的地方家禽品种之一；

2014年，被农业部和国家质检总局批准为国家地理标志保护产品；

2016年，长顺县被批准为"长顺绿壳蛋鸡农业标准化示范区"；

2017年，获评为贵州省十大优质特色禽产品；

2017年，长顺县被授予"中国绿壳蛋鸡之乡"美誉；

2022年，获无抗生素认证、可生食认证。

系列产品

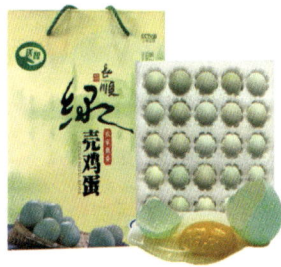

"长顺绿壳鸡蛋"系列产品

品牌咨询

单位/企业名称	品牌工作联系人	联系方式
长顺县顺智绿壳蛋鸡产业发展有限公司	班宋智	18085421008
长顺天农绿壳蛋鸡实业有限公司	李方伟	15718546323
贵州南亿现代农业发展有限公司	蔡明聪	13506933618

贵州东亿农业发展有限公司

12

渔业

贵水黔鱼

进入线上商城
了解品牌详情

扫码可观看
品牌视频

品牌概况

　　鱼跃贵水映黔山。"贵水黔鱼"品牌以保护生态为根本，利用贵州高原深山湖的优质水域，遵循自然规律，放鱼养水、以鱼净水，人放天养、自然采食，通过鱼与水的良性物质循环和能量转换，以两江活水凉温慢慢滋养鱼儿长大。"贵水黔鱼"品牌始终保持对水质及鱼鲜的跟踪检测，在确保水域生态环境健康的同时，再利用优质水域环境养出高品质、健康环保的鱼鲜供给市场。

核心优势

　　仁者乐山、智者乐水。拥有"山地公园省"美誉的贵州，是两江上游的重要生态屏障。2018年以来，贵州在实施河长制中全域取缔网箱养鱼，主要河流出境断面水质达标率99.9%，因此，好山好水出好鱼。"贵水黔鱼"生态鱼肉质紧实鲜嫩、色泽明亮、纹理清晰、口感回甜，无腥味更鲜美。生态鱼油脂少，但氨基酸、脂肪酸、微量元素含量高，更优于一般鱼种，已成为全社会认可的放心生态产品。

黔中水库

贵州东亿农业发展有限公司德旺养殖基地

荣誉奖项

2015年，月亮湖有机鱼通过中国有机产品认证；

2021年，"贵水黔鱼"大水面养殖的水库中，黔东南锦屏县三板溪水库、黔中平寨水库的生态鱼先后通过中国有机产品认证、绿色食品认证。

系列产品

"贵水黔鱼"系列产品

品牌咨询

单位/企业名称	品牌工作联系人	联系方式
贵州省生态渔业有限责任公司	冯 远	17785811121
贵州省生态渔业有限责任公司	姚力芳	18932006238

贵州鲟鱼

　　"贵州鲟鱼"通过20多年的发展，从无到有，规模从小到大，特别是近年来贵州省委、省政府及省直有关单位高度重视生态渔业发展，成立了工作专班和院士专家服务团队，在资金项目技术上予以倾斜，使"贵州鲟鱼"产业得到较快发展。2023年，贵州省鲟鱼产量已达3.2万吨，位居全国第一。同年，贵州省渔业协会在省农业品牌专班等单位指导下成功注册"贵州鲟鱼"图形商标，并完成"贵州鲟鱼文字及其LOGO组合图"版权著作权登记工作，开展了2023年"贵州鲟鱼"品牌推广日活动。

核心优势

　　贵州省渔业协会作为全省性渔业行业社会团体，会员单位涉及国有企业、大中型龙头企业等具有代表性的渔业企业，是助推贵州生态渔业产业和优势产品"贵州鲟鱼"产业发展的核心社会组织，能更好地推动"贵州鲟鱼"区域公用品牌建设及品牌传播。"贵州鲟鱼"拥有极高的食用价值、药用价值和保健价值，富含蛋白质和不饱和脂肪酸，脂肪含量只有1%～4%，人体很容易吸收；含镁、磷、钙、铁等无机盐，还含有大量维生素A、维生素D、维生素B_1等，这些都是人体需要的营养素，对人体心血管系统有很好的保护作用，有利于预防高血压、心肌梗死等心血管疾病，是养身健体佳品。"贵州鲟鱼"因其天然的高蛋白、低胆固醇、低脂肪、肉质细嫩等特点，在市场上越来越受到消费者欢迎。

2020年，贵州鲟鱼"龙腾红海"菜品亮相中国企业家博鳌论坛；

2023年，"贵州鲟鱼"产量32538吨，位居全国第一；

2023年，"绥阳鲟鱼"入选第一批全国名特优新农产品名录。

系列产品

贵州鲟鱼 (向忆峰/摄)

品牌咨询

单位/企业名称	品牌工作联系人	联系方式
贵州省渔业协会	王立强	18786667150/0851-84838848
惠水县嘉其水产养殖有限公司	张翠兰	13809436348
贵州东亿农业发展有限公司	向 坤	13628509765

三都稻花鱼

进入线上商城
了解品牌详情

品牌概况

　　稻田养鱼是一种稻鱼共生的种养模式，以水稻种植为主、渔业养殖为辅，稻田为鱼提供食物，鱼为稻田提供有机肥，使得生态效益和经济效益双提升。近年来，三都县积极整合土地资源，大力推广"稻＋鱼"综合种养模式，通过"以鱼肥田、以稻养鱼、鱼稻共存"，实现一田多用、双重收益，进一步增加群众收入。

核心优势

　　大山里的溪流水体清澈悠凉，长周期生长的稻花鱼膘肥鳞美，产出的"三都稻花鱼"肉质紧实细嫩，味道鲜香、回味甘甜，富含人体必需的氨基酸、矿物质和多种维生素，广大消费者对都江稻花田鱼尤为钟爱，其产出的商品鱼市场供不应求。

"三都稻花鱼"喜获丰收

荣誉奖项

2023年，入选"2022年贵州农业品牌（农产品区域公用品牌）目录"。

品牌咨询

单位/企业名称	品牌工作联系人	联系方式
三都水族自治县养殖业发展中心	吴永银	18084489656
三都思源生态种养殖农民专业合作社	杨光华	18886487286
心合村股份经济合作社	潘洪涛	13765763170
小河社区股份经济合作社	刘 靖	15121358568
塘党村股份经济合作社	龙家鹏	18798003387

特色林业

乡 村 振 兴 · 品 牌 强 农 · 贵 品 出 山 · 风 行 天 下

望谟板栗

进入线上商城
了解品牌详情

品牌概况

"望谟板栗"产自贵州省望谟县。望谟县得天独厚的地理、生态环境造就了"望谟板栗"的优良品质和独特的风味口感。望谟县属于亚热带季风气候，具有明显的春早、夏长、秋晚、冬短的特点，能满足板栗喜光性强、结果期间要求充足光照的要求。同时，通气良好的砂壤土富含有机质，适宜种植板栗。清朝咸丰四年（1854年），望谟县开始栽种板栗，目前种植面积已达27.2万亩，出产的鲜板栗及甘栗仁系列品牌产品，主要销售市场为广州、贵阳、重庆、武汉等城市，已发展成为一个农民增收致富的特色产业。

核心优势

"望谟板栗"的坚果呈深褐色或红褐色，果实成熟饱满，肉质香糯、微甜。本地野生板栗单粒重4~9克，嫁接新品种单粒重7~16克。"望谟板栗"具有优良品质和独特的风味口感，其中果实含糖、淀粉、蛋白质、脂肪及多种维生素、矿物质，营养丰富，养生功效突出。数据显示，板栗中钾（K）的含量为315.09毫克/100克，天然糖分含量为18~20毫克/100克，开袋即有香味。"望谟板栗"品牌产品严格按照国际化标准要求进行加工，目前，已获得HACCP食品安全管理体系认证、生态原产地保护产品认证。

望谟板栗

成熟的"望谟板栗"

荣誉奖项

2018年，国家质检总局批准对"望谟板栗"实施地理标志产品保护；

2018年，中国经济林协会授予贵州省望谟县"板栗名县"称号；

2020年，获HACCP体系认证证书；

2021年，获质量管理体系认证证书。

系列产品

"望谟板栗"系列产品

品牌咨询

单位／企业名称	品牌工作联系人	联系方式
望谟县林业发展服务中心	龙颖弘	13885965188
贵州光秀生态食品有限责任公司	曾光秀	18685170166

板贵花椒

品牌概况

　　"板贵花椒"种植历史悠久，据记载，清光绪年间当地即有种植。全国闻名的"花江狗肉"原产于贵州省安顺市关岭县花江镇，其调料就必备当地有名的"板贵花椒"。"板贵花椒"产品口味地道，食之麻香，麻味好，香味浓郁，是制作"花江狗肉"不可缺少的调料。"板贵花椒"产区位于喀斯特岩溶山区，光照充足、昼夜温差大，春冬温暖干燥、夏秋湿热，热量资源非常丰富，土壤类型多为石灰岩发育的石灰土，非常有利于花椒果实椒油等营养成分的积累。

　　关岭县现有花椒种植面积11万亩，2023年花椒产量2939吨，产值2.4亿元；建有花椒加工生产线6条，开发了保鲜花椒、干花椒、花椒粉、花椒油、花椒精油、花椒油树脂等一系列产品，广泛用于生产中药材、调味制品等。关岭县与新加坡贵州商会、英国同乡行等国外有限公司签订战略合作协议，标志着关岭花椒正式走出国门、迈向国际，开启了国际化发展新征程。

核心优势

　　关岭县得天独厚的地理、生态环境造就了"板贵花椒"的优良品质和独特的风味

"板贵花椒"种植示范基地

板贵花椒

口感。"板贵花椒"颗粒饱满均匀，手握硬脆，色泽绿褐，皮厚肉丰，油腺密而凸出，香气浓郁持久，麻味浓烈纯正，余味悠长，被誉为花椒中的"王中之王"，素有"地方名椒"之盛誉。闭眼椒、椒籽占比≤8%，果梗占比≤3%；精油含量7.5毫升~11.5毫升/100克，不挥发性乙醚提取物含量6.5%~7.5%，水分含量≤10.5%，总灰分含量≤5.5%。

荣誉奖项

2015年，获首批"中国森林食品推荐品牌"称号；

2019年，获农产品地理标志登记证书。

系列产品

"板贵花椒"系列产品

品牌咨询

单位/企业名称	品牌工作联系人	联系方式
关岭布依族苗族自治县农业农村局	谌家元	18690786999
关岭椒香源食品有限公司	王 伟	18285322460

锦屏茶油

进入线上商城
了解品牌详情

　　锦屏县是全国100个油茶试点县之一和贵州省油茶产业发展核心区。油茶树作为特色油料树种在锦屏县的栽培历史悠久，是锦屏县山区群众维系生活和经济的重要资源，其得天独厚的生态环境和传统的生产方式让"锦屏茶油"产品有机、生态环保的优质特性完好地保留下来，且成为当下标志性健康食用油产品。目前，县内有低温冷榨及原油精练生产线2条，主要产品为国家地理标志保护产品——锦屏茶油，培育有"云照山"牌、"云照"牌、"风彩"牌、"蕃鳌"牌、"偶里"牌有机茶油。

锦屏县龙池茶油示范基地

　　锦屏县油茶种植面积超过15万亩，年茶籽产量4600吨、茶油产量1097吨、实现综合产值12880万元，全县直接或间接参与到油茶产业当中的人数为38010人。县内企业先后与黔东南州林业科学研究所、凯里学院签订油茶高产种植示范、产学研等合作协议，并与北京、广州多家科研机构签订新产品开发战略合作协议。

核心优势

　　产品严格按照《地理标志产品 锦屏茶油》（DB52/T 1347）等标准组织生产，所有茶籽都经过严格的质量控制，且只通过一次压榨，完整保留了其特有的纯正天然营养成分和优良品质。"锦屏茶油"是双有机认证产品和双国字号产品，清亮透明、久置无层、油质清醇、晶莹剔透，主要含饱和酸、油酸、亚油酸等脂肪酸，耐贮藏，不易酸败，不含芥酸和山俞酸，是绿色保健食用油。

荣誉奖项

2017年，被认定为国家地理标志保护产品；

2019年，获得贵州绿色农业开发有限公司山茶籽（原料）、锦屏茶油（产品）双有机认证；

2020年，被认定为中国特色农产品优势区；

2020年，贵州绿色农业开发有限公司被评为贵州省扶贫龙头企业、获得锦屏茶油国家地理标志保护产品专用标识使用授权；

2021年，贵州风采油茶科技有限公司获得锦屏茶油国家地理标志保护产品专用标识使用授权；

2022年，贵州绿色农业开发有限公司被评定为高新技术企业；

2023年，贵州绿色农业开发有限公司获得质量管理体系认证（ISO 9001），被认定为粤港澳大湾区"菜篮子"产品加工企业和生产基地。

系列产品

产品名称：茶油　规格：1000ML/2瓶/盒　　产品名称：茶油　规格：1000ML/2瓶/盒　　产品名称：茶油　规格：500ML/1瓶/盒

"锦屏茶油"系列产品

品牌咨询

单位 / 企业名称	品牌工作联系人	联系方式
贵州绿色农业开发有限公司	龙开伟	15186869969
贵州风采油茶科技有限公司	吴运章	18708559054

14

其他

梵净山珍·健康养生

进入线上商城
了解品牌详情

品牌概况

　　铜仁市"梵净山珍·健康养生"农产品区域公用品牌是市级层面打造的农产品区域公用品牌，依托世界自然遗产地"梵净山"这块金字招牌，塑造品牌核心形象，培育了"梵净山"系列子品牌，如"梵净山鸡蛋"、"梵净上品"茶叶、"梵净山"山茶油等，建立起以"梵净山珍·健康养生"农产品区域公用品牌为母品牌、以"梵净山"系列品牌为子品牌的交互发展品牌体系，以品牌引领消费，将品牌优势转化为产业优势和市场优势，进一步提升了铜仁市农产品的知名度和市场竞争力。

核心优势

　　已编制涉及生态茶叶、生态畜禽、生态渔业、蔬果、食用菌、油茶、烤烟7个产业标准体系框架，创建标准化示范试点项目25个（国家级5个、省级10个、市级10个），发布现行有效地方标准150项（其中省级20项、市级130项），培育发展团体标准23项，制定发布现行有效企业标准253项，为"梵净山珍·健康养生"品牌建设提供了强有力的技术支撑。

荣誉奖项

"和泰之春""梵净蘑菇""爽珍""山沟沟""香柚香"均获评"贵州省名牌产品"称号；

2023年，万山"荪灵"牌竹荪获第十三届中国国际有机食品博览会金奖、第二十届中国绿色食品博览会金奖。

系列产品

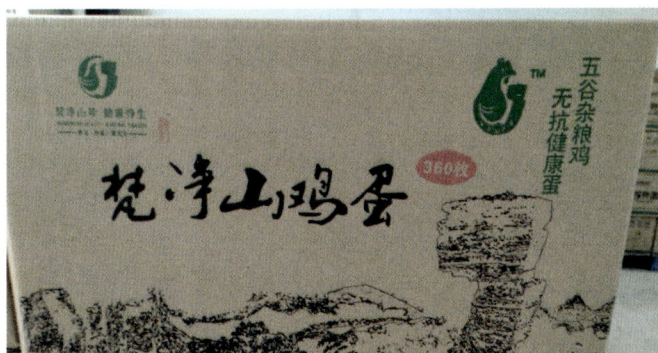

"梵净山珍·健康养生"系列产品

品牌咨询

单位 / 企业名称	品牌工作联系人	联系方式
铜仁市扶贫开发投资有限责任公司	罗文杰	15185968347

苗侗山珍

进入线上商城
了解品牌详情

扫码可观看
品牌视频

品牌概况

　　"苗侗山珍"农产品区域公用品牌，是立足黔东南州特有的自然生态环境、多元民族文化、农业产业现状而制定的以品牌为核心的农业发展战略，顺应当前中国农产品消费升级趋势、品牌竞争态势和国家品牌战略国情。"苗侗山珍"农产品区域公用品牌以银球茶、茯苓、太子参"两茶一药两果"作为核心产品进行打造，目前纳入"苗侗山珍"行业协会会员单位132家，覆盖州内三穗鸭、从江香猪、榕江小香鸡、从江香禾糯、锡利贡米、凯里红酸汤等45个荣获国家地理标志产品及其他农特产品200余种。

核心优势

　　黔东南生态环境优越、植被深厚、空气清新，民族风情、茶文化浓郁，是创造贵州最优质绿茶的理想产业带。"苗侗山珍"农产品区域公用品牌旗下产品品类丰富，尤其茶产业、中药材产业种植面积及出产品质上的优势尤为突出，培育出了"雷山银球茶""雷山清明茶""黎平香茶""黎平雀舌""丹寨锌硒茶""岑巩思州绿茶"等诸多县域品牌。

荣誉奖项

2022年，荣获第一届印迹乡村创意设计大赛全国总决赛二等奖。

系列产品

"苗侗山珍"系列产品

品牌咨询

单位 / 企业名称	品牌工作联系人	联系方式
黔东南苗侗山珍农产品行业协会	杨文平	15185623768

索 引
Index